ARCHITECTONOGRAPHIE
DES THÉATRES.

DE L'IMPRIMERIE DE CRAPELET,
rue de Vaugirard, n° 9.

ARCHITECTONOGRAPHIE
DES THÉATRES,

OU

PARALLÈLE HISTORIQUE ET CRITIQUE
DE CES ÉDIFICES,

CONSIDÉRÉS SOUS LE RAPPORT DE L'ARCHITECTURE
ET DE LA DÉCORATION;

PAR

JACQUES-AUGUSTE KAUFMANN,

ARCHITECTE.

SECONDE SÉRIE.

THÉATRES CONSTRUITS DEPUIS 1820.

DÉTAILS ET MACHINES THÉATRALES.

PARIS.

L. MATHIAS (AUGUSTIN),
LIBRAIRIE SCIENTIFIQUE-INDUSTRIELLE,
QUAI MALAQUAIS, N° 15.

1840.

ARCHITECTONOGRAPHIE

DES THÉATRES.

DU THÉATRE ET DES MACHINES THÉATRALES EN GÉNÉRAL.

L'art du machiniste, en France, sembla long-temps rester en arrière, tandis que tous les autres arts qui concourent à l'établissement d'une salle de spectacle commode et convenable atteignaient, par une série de progrès successifs, une perfection rapide. Au siècle dernier, les Italiens excellaient dans ce genre; aujourd'hui ce sont les Français qui l'emportent sur les autres nations.

On a vu jusqu'ici peu d'architectes s'occuper sérieusement de cette partie de l'édifice qui appartient au *machiniste* et au *peintre-décorateur* comme leur spécialité. Il faut, lorsqu'on détermine la forme d'un théâtre et que l'on esquisse le plan des fondations qui doivent le supporter, avoir déterminé d'avance le parti que l'on pourra prendre pour l'ajustement des combles et de ses divers planchers, sans perdre de vue que ces parties sont elles-mêmes régies par le développement des machines destinées à faire mouvoir les décorations; cependant il arrive souvent que, négligeant cette sage précaution, l'architecte, après avoir inconsidérément établi les plans des parties inférieures, sans tenir compte de ces données obligées, éprouve le plus grand embarras pour accorder le tout ensemble, et laisse, ce qui est le pire, le machiniste ainsi que le décorateur dans l'impossibilité de satisfaire aux conditions qui leur sont imposées, soit par le manque d'emplacement, soit à défaut des points d'appui et des intervalles qu'il eût été nécessaire de réserver entre les charpentes du bas et du haut, pour y loger commodément les machines et tous leurs accessoires.

Nous allons donc essayer de donner ici divers aperçus sur les dimensions du théâtre, sur les machines, les décorations et leurs formes, sur les matériaux dont elles se composent et sur les moteurs qui les font agir. Pour rendre plus sensibles les principes qui ressortiront de nos observations, nous les appliquerons à une salle d'opéra telle que l'Académie royale de Musique de Paris. Quant aux applications dont des théâtres d'une moindre importance pourraient être l'objet, nous nous bornerons à l'énonciation des règles générales.

MACHINES ET DÉCORATIONS THÉATRALES DES ANCIENS.

Avant d'entrer en matière, nous allons donner, du théâtre et des machines chez les anciens, une description qui, pour être incomplète, ne laissera pas de présenter quelque intérêt. Vitruve nous apprend :

TEXTE LATIN.

Ipsæ autem scenæ suas habeant rationes explicatas, ita ut mediæ valvæ ornatus habeant aulæ regiæ, dextra ac sinistra hospitalia. Secundum autem ea spatia ad ornatus comparata (quæ loca Græci περιακτους dicunt, ab eo quod machinæ sunt in iis locis, versatiles trigonos habentes), in singula tres sint species ornationis quæ cum aut fabularum mutationes sunt futuræ, seu deorum adventus cum tonitribus repentinis, versentur, mutentque speciem ornationis in frontes. Secundum ea loca versuræ sunt procurrentes, quæ efficiunt una a foro, altera a peragro aditus in scenam.

Genera autem sunt scenarum tria, unum quod dicitur tragicum, alterum comicum, tertium satyricum. Horum autem ornatus sunt inter se dissimiles, disparique rationes quod tragicæ deformantur columnis, fastigiis et signis, reliquisque regalibus rebus. Comicæ autem ædificiorum privatorum, et menianorum habent speciem perfectusque fenestris dispositos imitatione communium ædificiorum rationibus. Satyricæ vero ornantur arboribus, speluncis, montibus, reliquisque agrestibus rebus in tobiarii operis speciem deformatis. (Lib. V, cap. VII et VIII.)

TEXTE FRANÇAIS.

Traduction de Perrault.

La *scène* doit être dégagée et disposée de manière qu'il y ait au milieu une porte ornée comme celle d'un palais royal, et à droite et à gauche deux autres portes pour les étrangers. Derrière ces ouvertures, on placera les décorations, que les Grecs appellent περιακτους, à cause des machines faites en triangle qui se tourne. Sur chacune de ces machines, il doit y avoir des ornements de trois espèces, qui produisent des changements de décorations en tournant leurs différentes faces, ainsi que cela est nécessaire dans la représentation de fables, comme quand il faut faire paraître des dieux accompagnés de tonnerre. Au-delà de cette face de la scène, on doit faire les retours qui s'avancent, ayant deux autres entrées, l'une par laquelle on vient de la place publique, et l'autre par laquelle on arrive de la campagne sur la scène.

Il y a trois sortes de scènes, savoir : la *tragique*, la *comique* et la *satirique* (1). Leurs décorations sont différentes en ce que la scène tragique a des colonnes, des frontons élevés, des statues, et tels autres ornements qui conviennent à un palais royal. La décoration de la scène comique représente des maisons particulières, avec leurs balcons et leurs croisées, disposées à la manière des habitations ordinaires. La scène satirique est ornée de bocages, de cavernes, de montagnes, et de tout ce qu'on voit représenté dans les paysages des tapisseries.

Il y a dans cette traduction une erreur grave que nous essayerons de rectifier. *Perrault* et presque tous les interprètes de Vitruve ont soutenu que les prismes triangulaires devaient être placés au milieu des ouvertures étroites de la façade de la scène, et qu'ils suffisaient, malgré le désavantage de leur position et leur peu de liaison, à exprimer tous les changements de décoration. Quoique personne n'ait jamais compris comment il pouvait résulter quelque illusion d'un pareil arrangement, ni comment il était possible de représenter la vue d'un camp, d'une forêt, d'un naufrage, ou des chan-

---

(1) Aristote dit que Sophocle fut le premier inventeur de ces sortes de décorations.

gements capables d'en imposer aux spectateurs, faute d'autre éclaircissement, on regardait cela comme certain, et l'on paraissait persuadé que les anciens, malgré les dépenses immenses qu'ils faisaient pour leurs spectacles, n'avaient pas connu la magie des décorations théâtrales. *Galiani* nous a éclairés à ce sujet dans les commentaires dont il a accompagné sa traduction italienne de Vitruve, publiée vers 1750, à Naples. Il y prouve que les prismes triangulaires, loin d'être placés, comme on l'avait toujours cru, au milieu des trois portes principales de la scène, étaient, tout au contraire, distribués sur les ailes de cette scène (1).

---

(1) En effet le texte de Vitruve est formel à cet égard, et l'opinion contraire ne s'est accréditée que parce que les interprètes n'ont pas compris le vrai sens du passage qui traite de ces châssis triangulaires. On a toujours traduit le premier *secundum* par le mot derrière, tandis que l'on a rendu au contraire le second *secundum*, qui est dans le même cas, par le mot *auprès, au-delà*. Ce sont, suivant *Galiani*, ces différentes acceptions du même mot qui ont occasionné toute la confusion, et empêché de comprendre cet endroit. Il ne s'agit, dit-il, que de bien faire attention à la filiation de la description de Vitruve, pour saisir sa pensée. Cet auteur, voulant décrire les parties de la scène,

Il est inutile de dire qu'il ne nous reste des décorations des anciens que des récits, mais ces récits nous font connaître que les ressources de la peinture, jointes à celles des machines, durent produire toutes les sortes d'illusions. Agatarchus, Démocrite et Anaxagore, avaient écrit des traités sur cette matière. « Ils ensei-
« gnaient, dit Vitruve, comment, en établis-

---

commence par celles du milieu : *Mediæ valvæ ornatus habeant aulæ regiæ;* de là il parle des entrées placées à droite et à gauche, *dextera ac sinistra hospitalia;* ensuite il continue en disant : *secundum ea spatia ad ornatus comparata,* c'est-à-dire non pas *derrière ces portes,* comme on l'a traduit jusqu'ici, mais *auprès de ces portes,* ou *en retour de ces portes sont les espaces réservés pour les décorations triangulaires tournant sur le pivot.* Enfin Vitruve, poursuivant sa description, la termine ainsi : *Secundum ea loca versuræ sunt procurrentes,* etc. *Auprès de ces lieux sont des rues pour les acteurs, que l'on suppose arriver du dehors ou de la campagne sur la scène.* (*Architettura di M. Vitruvio, colla traduzione italiana, e commentata, del marchese Galiani.* Lib. V, cap. VII, pag. 192.)

Cette explication paraît simple, naturelle, et nous croyons qu'on nous saura gré de l'avoir rapportée ici, comme répandant le plus grand jour sur le jeu des décorations du théâtre antique.

« sant un rapport entre le point de vue et le
« point de distance, on peut faire correspondre,
« à l'imitation de la nature, toutes les figures
« vers le point de vue, de manière que les ob-
« jets peints sur une superficie plate et hori-
« zontale paraissent s'éloigner ou se rappro-
« cher. »

Le grammairien *Servius*, qui vivait sous Constantin, nous apprend, dans ses commentaires sur les *Géorgiques* de Virgile, qu'outre les décorations placées sur les machines triangulaires, les anciens en avaient d'autres disposées sur des châssis que l'on faisait glisser dans des rainures. Il appelle les décorations de la première espèce *versatilis*, et celles de la seconde *ductilis*. Il est néanmoins difficile de croire que les changements de décoration fussent aussi prompts chez les anciens qu'ils le sont sur nos théâtres, où ils se font en un moment, et sans qu'on s'en aperçoive. Nous lisons que quand les anciens voulaient changer la décoration de la scène, ils tiraient un rideau, qu'on appelait *siparium*, et c'était derrière ce rideau que s'opérait à loisir le changement nécessaire.

Pollux, écrivain du temps de l'empereur

Commode, dit qu'on voyait dans les théâtres des machines au moyen desquelles des divinités semblaient descendre du ciel ou arriver du fond des enfers, et que ces machines étaient mues par des contre-poids.

Suétone raconte qu'à la représentation d'une pièce à laquelle assistait Néron, un acteur qui jouait le rôle d'Icare éprouva malheureusement le sort de ce dernier, et alla tomber près de l'endroit où était l'empereur, en couvrant de sang tous ceux qui l'environnaient.

Il résulte de ces diverses notions que l'on attachait des feuilles de décorations aux faces de grands prismes dont la base formait un triangle équilatéral, et qui tournaient librement sur leur axe, dans une position verticale. Il suffisait de faire faire, à diverses reprises, un tiers de tour à ces porte-châssis prismatiques, pour en faire passer successivement les faces sous les yeux des spectateurs, et l'on pouvait opérer ainsi jusqu'à trois changements de décoration à vue, sans avoir à démonter ni les prismes ni les châssis pendant la durée du spectacle.

Comme ces prismes occupaient une place considérable, et encombraient les avenues du théâtre, on employa de préférence, dans la suite, des châssis ou plans verticaux, montés sur des roulettes, que l'on faisait avancer ou reculer pour les mettre en évidence.

Les dieux infernaux sortaient des dessous du théâtre, et venaient à la lumière par des vomitoires qu'on ouvrait ou fermait au moyen de trappes; mais il n'était pas aussi facile de faire arriver sur la scène les divinités que l'on supposait descendre des cieux. Les théâtres des anciens étaient très vastes; ils ne pouvaient être couverts que par des toiles (*vela*), dont on imite assez souvent la disposition dans les peintures qui décorent les plafonds des salles de spectacle modernes; l'on ne pouvait par conséquent attacher en l'air les cordages nécessaires pour suspendre les nuages, les chars aériens, les dragons, etc., qui portaient les divinités. On les faisait descendre par des ouvertures pratiquées dans le *velarium*, au moyen d'une grue tournant sur un arbre vertical, et tout-à-fait semblable à celles qui sont en usage dans la construction des bâtiments; et quand il s'agissait de faire traverser les *vols* d'un côté du théâtre à l'autre, horizontalement ou diagonalement, il suffisait de faire tourner la grue sur son arbre, et de combiner ce mouvement avec celui du treuil horizontal sur lequel s'enroulait le cordage de suspension.

DES MACHINES ET DÉCORATIONS THÉATRALES DES MODERNES.

Au milieu du xve siècle, l'Italie prit plaisir à de pieuses représentations tirées de la sainte Écriture. *Bruneleschi* (mort en 1444), aussi ingénieux mécanicien qu'il avait été savant architecte, donna à cette époque, à Florence, dans l'église du Saint-Esprit, l'*Image du Paradis*. C'était une *gloire* immense au milieu de laquelle on voyait des personnages mobiles figurant les anges et les bienheureux : le prestige était produit par les effets combinés d'une multitude de lumières, qui, alternativement couvertes et découvertes avec la plus grande promptitude, jetaient beaucoup de variété sur ce spectacle.

Balthazar Peruzzi (mort en 1536) est le premier artiste moderne qui se soit sérieusement occupé des décorations et de la construction des machines théâtrales. L'architecture feinte lui fut redevable, sinon de son apparition, du moins de cette supériorité qui, sous le rapport du goût, semble avoir fixé dans la suite le plus haut degré de perfection dans ce genre d'art.

Jusqu'alors la science de la perspective n'était guère sortie des livres assez obscurs de quelques savants. Les peintres du xve siècle la mettaient plus ou moins en pratique dans les fonds de leurs tableaux ; mais les compositions de ce temps étaient pour la plupart si simples, que pour la perspective des fonds l'on pouvait se contenter des procédés élémentaires. A l'époque de Peruzzi les grands ouvrages de Raphaël, en étendant la sphère de la peinture, avaient déjà rendu indispensable l'union de la théorie et de la pratique dans le genre dont nous parlons.

Cependant, pour que cette science pût produire une espèce d'imitation particulière (celle qu'on appelle architecture feinte), il fallait que son application, à une nouvelle branche de la peinture, lui donnât un plus grand développement : cette branche devait être celle des décorations scéniques ; mais jusqu'alors l'art dramatique était resté dans l'enfance, et le décorateur n'avait eu pour s'exercer que les spectacles mécaniques comme celui de Bruneleschi. En se livrant, comme il le fit, aux profondes études de la théorie et de la pratique de la perspective, Peruzzi semblait pressentir qu'il était destiné à porter à un très haut point l'art de la décoration théâtrale.

Vasari parle en deux endroits des décorations de Peruzzi, d'abord à l'occasion des fêtes qui furent données à Julien de Médicis, et ensuite au sujet de la comédie de Bibiena, intitulée *la Calandra*, que Léon X fit représenter devant lui, ce qui fait croire que cet artiste eut plus d'une occasion de s'exercer dans la peinture scénique. Partout il parle du talent de Peruzzi de manière à faire penser que l'artiste avait atteint le *maximum* de la perfection en ce genre.

« Balthazar (dit-il) s'est acquis d'autant plus
« de réputation par ses décorations théâtrales,
« que cet art n'était pas encore connu, vu la
« désuétude dans laquelle étaient tombés le ta-
« lent et le goût de la poésie, et la représenta-
« tion dramatique. Mais les décorations dont il
« s'agit, pour avoir été les premières, n'en ont
« pas moins été le modèle et le régulateur de
« celles qu'on a faites depuis. On a peine à con-
« cevoir avec quelle habileté notre décorateur,

« dans un espace aussi resserré, a su représenter « un si grand nombre d'édifices, de palais, de « portiques, d'entablements, de profils, et tout « cela avec tant de vérité, qu'on croyait voir « des objets réels, et que le spectateur, devant « une toile peinte, se croyait transporté au « milieu d'une place véritable, tant l'illusion « était portée loin. Balthazar a su aussi dispo-« ser, pour produire ces effets, et avec une « admirable intelligence, l'éclairage des châssis « ainsi que toutes les machines qui ont rapport « au jeu de la scène. »

Plusieurs habiles maîtres succédèrent à Peruzzi, tels que *Sabattini*, qui nous a laissé un petit Traité fort curieux sur l'art de peindre et de construire les machines et les décorations théâtrales.

Ferdinando Bibiena Galli (mort en 1743), qui réunissait une imagination vive et féconde à un goût bizarre et déréglé. Il construisit, pour le duc Ranuccio Farnèse, la belle maison de plaisance de Colarno, qu'il orna d'un magnifique théâtre. Livré dans les derniers temps de sa vie spécialement à la décoration des théâtres, il remplit toute l'Italie de ses ouvrages. Son frère,

Francesco Bibiena Galli (mort en 1739), architecte et peintre comme lui, peignit de fort belles décorations pour beaucoup de théâtres de l'Italie. Il construisit de magnifiques théâtres à Vienne, à Vérone, et à Rome le théâtre d'Aliberti, qui, du reste, n'est remarquable que par son étendue.

Aussi *Antoine Bibiena Galli*, fils de Ferdinand, excellait dans les mêmes genres de peinture et d'architecture de théâtre. Il travailla beaucoup en Italie, plus encore à Vienne et en Hongrie. De retour en Italie, après la mort de Charles VI, en 1740, il construisit et orna de décorations les nouveaux théâtres de Sienne, de Pistaria, de la Pergala à Florence, et celui de Bologna, qui a le plus fait connaître Antoine Bibiena.

Le perfectionnement des décorations et des machines théâtrales en France ne date que de l'année 1724, époque à laquelle *Servandoni*, architecte florentin, machiniste, peintre et décorateur, vint s'établir à Paris. Sa réputation, qui l'avait devancé, lui procura bientôt la direction des décorations de l'Opéra. En 1728, il développa pour la première fois, dans *Orion*, la magie de son art. Tout Paris se crut transporté sur le Nil, au milieu des ruines et des débris des Pyramides. Une nature sauvage, d'affreux rochers brûlés par le soleil, une plaine aride, la solitude des déserts, le tout rendu avec fidélité au milieu d'heureux effets de perspective, tel fut le spectacle dans lequel Servandoni donna au public parisien une idée de ses talents. L'Opéra prit un nouvel essor. Durant l'espace d'environ dix-huit ans, que la partie des décorations lui fut confiée, il en exécuta plus de soixante, dans lesquelles il laissa fort loin derrière lui tous ses prédécesseurs. On met au nombre des plus belles, celle du *palais de Ninus, le temple de Minerve, les Champs-Élysées* dans *Proserpine,* la vaste galerie dans *Pyrrhus, le palais du Soleil* et la *mosquée de Scanderberg,* où la perspective, l'illumination et la richesse de l'exécution produisaient un spectacle surprenant, dont on regrettait toujours la courte durée, car on n'en pouvait jouir que dans le cinquième acte.

Le public trouva que Servandoni s'était surpassé lui-même dans la décoration du *Génie du feu* pour *l'Empire de l'Amour.* Cette décoration tirait tout son éclat de l'heureuse disposition des lumières et du brillant des couleurs. D'une urne transparente, placée au milieu du théâtre, semblaient jaillir des rayons lumineux qui éclairaient tellement la décoration, qu'à peine on pouvait en soutenir la vue. On reproche, en général, à la plupart des ouvrages des peintres-décorateurs, beaucoup de licences et d'écarts d'imagination que le genre semble autoriser. Ceux de Servandoni, au contraire, ne s'écartèrent jamais de la vérité.

On récompensa les services de Servandoni en mettant à sa disposition la salle de spectacle, dite des Machines, dans l'intérieur du château des Tuileries. Ce fut en 1738, durant les trois semaines du temps pascal, qu'il donna dans cette salle, pour la première fois, des spectacles de décoration à son profit, et dans le but de former des élèves en ce genre. Le premier fut la représentation de Saint-Pierre de Rome. La justesse des proportions, des gradations, et la distribution des jours et des ombres étaient surtout admirables par le parfait accord de l'ensemble, et présentaient un tableau vrai de cette superbe basilique. Outre les mesures qu'il avait prises lui-même sur les lieux, il avait suivi, avec la dernière exactitude, les plans et profils donnés par le cavalier Fontana, architecte de cette église, dans son histoire du temple du Vatican, imprimée à Rome en 1694.

Servandoni était trop éclairé pour ne pas sentir que le public ne saurait être long-temps amusé par la vue d'un seul objet, dont toutes les parties sont en repos, mais qu'il exige la variété des scènes, le prestige des machines, l'action de quelques personnages, et même l'emploi de la musique, moyens nécessaires pour donner une espèce de vie à un spectacle muet. Ces moyens, il les employa habilement l'année suivante dans la représentation de *Pandore*. Le sujet fut tiré de l'ode 3 du liv. 1 d'Horace.

Post ignem ætherea domo
Subductum, macies et nova febrium
Terris incubuit cohors.

L'ouverture de la scène représentait le chaos et la séparation des éléments, selon l'idée de ce poète. L'image de la nature, dans l'âge d'or, succéda à la confusion primitive, et ce changement servit de prologue à l'histoire de Pandore. Son enlèvement au ciel, par Mercure; son séjour dans l'Olympe pour y recevoir les présents des dieux; le don de la fameuse boîte; son retour sur la terre, formaient un spectacle aussi vivant qu'animé. Plus de deux mille figures en relief, parmi lesquelles il s'en trouvait beaucoup de réelles, représentaient les dieux et les déesses de la mythologie avec leur suite, et paraissaient se mouvoir continuellement. Cette grande représentation, qui durait une heure au moins, finissait par l'ouverture de la boîte fatale, et l'image des maux qu'elle répandit sur la terre.

En 1740, *la Descente d'Énée aux enfers*, tirée du sixième livre de l'Énéide, fut accompagnée de sept changements de décoration. Encouragé par les fréquents applaudissements du public, Servandoni fit de nouveaux efforts pour rendre ce spectacle aussi éclatant que varié. Un tel sujet, du reste, était très propre à remplir ses vues, se prêtant aux contrastes les plus marqués par un rapide passage des ténèbres à la lumière, de l'alarme au plaisir, du terrible au gracieux.

Nous ne nous arrêterons pas plus longtemps à l'énumération du grand nombre de décorations exécutées par cet artiste célèbre dans la salle des Machines ; nous dirons en finissant qu'il construisit plusieurs théâtres, principalement celui du château de Chambord, pour le maréchal de Saxe, et qu'il fut mandé, en 1755, à la cour du roi de Pologne, électeur de Saxe, pour faire les décorations de plusieurs opéras.

Le mécanicien *Arnout* fut chargé, vers 1767, de construire à neuf les machines du magnifique théâtre de Versailles, et il surpassa tout ce qu'on avait jusqu'alors exécuté dans le même genre.

M. *Boullet*, élève et successeur d'Arnout, a dirigé après son maître, avec succès, pendant plus de quarante ans, les grands théâtres de Paris et celui de Versailles, et son excellent « *Essai sur l'art de construire les théâtres* » est un mémoire plein de principes précis sur ces édifices, et nous a servi de guide dans la description des machines théâtrales.

DIMENSIONS GÉNÉRALES D'UN THÉATRE.

Les dimensions d'un théâtre dépendent du genre de spectacle auquel on le destine. Celles d'une salle d'opéra doivent être évidemment plus grandes que celles d'une salle de comédie; il faut qu'on puisse, dans une salle d'opéra, présenter l'action avec appareil, placer des chœurs nombreux sans confusion, dessiner des ballets composés, ordonner des marches triomphales, présenter, en un mot, de grands spectacles à machines capables de faire de ce lieu le palais de la magie.

Cependant l'on peut dire que c'est la largeur de l'ouverture de l'avant-scène qui règle toutes les dimensions du théâtre.

L'ouverture d'avant-scène d'une salle d'opéra qui aurait, comme l'Académie royale de musique, 14 mètres (43 pieds) de large, demanderait au moins le double pour la largeur du théâtre d'un mur à l'autre. Cet espace serait nécessaire pour que l'entrée ou le séjour derrière les coulisses des acteurs, des corps de danse, des chœurs et des comparses, ne gênassent point la manœuvre perpétuelle des ouvriers. Le service se ferait mieux et plus facilement. Il résulterait d'une telle disposition que l'on pourrait donner plus de largeur aux châssis de décoration et en diminuer par conséquent le nombre, ce qui simplifierait les changements.

Une décoration composée d'un fond et de trois châssis paraîtrait plus variée qu'une de huit châssis; l'on y représenterait aisément des *échappées*, de beaux *percés*, ces points de perspective angulaires qui, employés avec art, offrent d'ordinaire des effets si piquants, si séduisants. Le machiniste et le décorateur pourraient donner l'essor à leur génie, et l'on parviendrait ainsi à augmenter le prestige et l'illusion.

Il faudrait autant d'élévation au-dessus de la *plate-bande* ou *voussure* de l'avant-scène, qu'il y a de hauteur depuis le plancher de l'avant-scène jusqu'à la plate-bande, et cette dernière hauteur, pour être d'une belle proportion, doit être des huit-dixièmes de la largeur de l'ouverture de l'avant-scène.

A l'égard de la profondeur sous le théâtre, nommé le *dessous*, on doit lui donner au moins de 11 mètres 69 centimètres (36 pieds) à 13 mètres (40 pieds), et même 14 mètres 60 centimètres (45 pieds), dans les théâtres de première grandeur, et au moins de 2 mètres 92 centimètres (9 pieds) à 3 mètres 90 centimètres (12 pieds), dans ceux d'un ordre inférieur. Dans ce dernier cas il faut renoncer à faire élever en scène des fermes de décoration préparées dans les *dessous*. Cet inconvénient subsiste dans les théâtres de Turin et de Naples, dont on a tant célébré la perfection, et qui ne sont que très vastes sans être beaux, et somptueux sans être riches ni bien équipés, ni même solidement construits.

Il n'y a pas de règles fixes qui déterminent la profondeur ou la longueur du théâtre; en général, la plus grande profondeur, depuis le rideau jusqu'au mur de fond, peut être le double de la largeur de l'ouverture, non compris le *proscenium*, qui s'étend depuis le rideau jusqu'à la *rampe de lumières* (1).

Une plus grande profondeur, en prolongeant le point de vue des décorations, ferait paraître

---

(1) On appelle *rampe de lumières* (Pl. IV, *bb*) la balustrade de quinquets placée très bas au bord de l'avant-scène. Cette manière d'éclairer la scène nuit beaucoup à l'illusion théâtrale, et est contre la vérité; car la rampe distribue sa lumière de telle sorte que la figure de l'acteur est ombrée de bas en haut, et fait croire que la terre serait lumineuse. La capote du souffleur *c*, qui se trouve au milieu de la rampe, aurait aussi besoin d'être supprimée; car elle cache, et surtout aux personnes qui se trouvent dans le parterre, une partie du sol du théâtre, et souvent les jambes et les pieds des acteurs. Lorsqu'à l'Opéra le ballet a lieu, et que cette niche est enlevée, le théâtre paraît même plus grand.

les colonnes aussi grandes que les acteurs, quand ils arriveraient de ce point sur la scène. Le grand art, en général, est de disposer toutes les entrées, les sorties, les issues sur la scène, de manière qu'il existe sans cesse une sorte de proportion entre les acteurs et les bâtiments ou corps d'architecture qui les environnent. Il faut surtout que les décorations n'offrent pas une espèce de labyrinthe ni un amas de colonnes jetées au hasard sans vraisemblance ou d'une manière fantastique. Ce serait agir contre le but qu'on se propose; l'illusion doit toujours reposer sur l'apparence de la réalité. Ce n'est qu'autant qu'on ne perdra pas de vue cet objet qu'on pourra réussir.

Les théâtres auxquels on a donné jusqu'à présent le plus de longueur, ceux de Turin, de Naples, de Saint-Pétersbourg, par exemple, n'ont jamais présenté plus de dix-sept plans. Le théâtre de l'Opéra de Paris n'en présente même que quinze.

A l'égard des petits théâtres, on ne saurait leur donner moins de 5 mètres 84 centimètres (18 pieds) à 6 mètres 50 centimètres (20 pieds) de largeur, pour l'ouverture de l'avant-scène, parce que c'est le moindre espace que les acteurs puissent occuper en cette partie. D'après cette donnée, on déterminera facilement les autres dimensions du théâtre.

Dessous du théâtre.

La charpente d'un théâtre est très compliquée et les détails en sont fort curieux. Après celle des vaisseaux de ligne, la charpente des théâtres est la plus difficile à bien combiner.

La partie qui porte les planchers du dessous du théâtre est composée de plates-formes (Pl. I, IX et X, *a a*) posées sur des parpings de pierre et occupant toute la profondeur du théâtre. Ces plates-formes reçoivent des poteaux portant les sablières du premier plancher, et ayant ordinairement 10 à 16 centimètres (4 à 6 pouces) de grosseur, sur 5 mètres 84 centimètres (18 pieds) à 7 mètres 14 centimètres (22 pieds) de long. On place ces poteaux à 2 mètres 27 centimètres (7 pieds) de distance l'un de l'autre, en observant de n'en point mettre sous la ligne du milieu du théâtre. Les sablières, au-dessus (Pl. II, IX et X, *b b*), qui ont 13 à 16 centimètres (5 à 6 pouces) de grosseur, se posent à plat et coiffent dans leur longueur trois poteaux. Sur cette première sablière s'emmanchent les poteaux *c c*, qui portent le second plancher, *plancher intermédiaire*. Ceux-ci ont 10 à 16 centimètres (4 à 6 pouces) de grosseur, sur 2 mètres 19 centimètres (6 pieds 9 pouces) de long, et sont coiffés d'une sablière (Pl. III, IX et X, *dd*) qui porte le roulement des chariots des faux-châssis. Cette sablière est un peu plus large que celle d'en bas, parce qu'elle reçoit les deux files de poteaux qui portent les sablières du plancher du théâtre dont nous allons parler.

Au milieu de leur largeur et dans toute leur longueur on observe une *rainure* (Pl. VI, *fig.* 4 et 6), pour y adapter une lame de fer qui sert au roulement des chariots. Les potelets qui portent le plancher du théâtre s'emmanchent dans les sablières du plancher intermédiaire, et sont du double plus nombreux que ceux des planchers inférieurs. Ils se trouvent placés à côté l'un de l'autre, ce qui donne aussi deux files de sablières dressées suivant la pente du théâtre, et distantes l'une de l'autre de 31 millimètres (14 lignes), pour le roulement des chariots. La hauteur de ce troisième plancher est de 1 mètre 78 centimètres (5 pieds 6 pouces), au moins, ou de 1 mètre

94 centimètres (6 pieds), au plus, pour qu'un homme puisse, avec les mains, atteindre le dessous des trappes sans le secours d'aucun gradin.

Les fermes de charpente du dessous ne pouvant être unies entre elles et se consolider mutuellement par aucune entre-toise ou entre-pièce posée en écharpe traversant les petites rues, puisque celles-ci doivent être entièrement libres dans toute leur élévation depuis le bas et même percer au travers du sol du théâtre, ces fermes, vu leur isolement, seraient exposées à se gauchir, à se renverser, et même à se rompre pendant les grands mouvements du service. On empêche cette rupture en liant toutes ces fermes les unes aux autres, à diverses hauteurs, par de fortes chaînes en fer. Chacune de ces chaînes se compose d'une suite non interrompue de crochets (Pl. XI, *fig.* 5) qu'on attache à des pitons fixés contre les faces latérales des rangs de poteaux et de potelets, qui sont placés immédiatement en avant de la ligne de l'avancée des châssis, desquels elles ne doivent point entraver les mouvements.

Ces chaînes de crochets se placent à 8 centimètres (3 pouces) au-dessous de l'arasement du tenon de la tête des poteaux et potelets ; elles commencent au mur du fond, finissent contre le mur de l'orchestre, et aboutissent, par leurs extrémités, à des ancres de fer solidement engagées dans l'épaisseur de la maçonnerie. On en établit un aux coins de chaque côté du théâtre, immédiatement au-dessous de chacun des trois planchers.

Si les fermes de charpentes du dessous étaient élevées d'aplomb, tout le système de leur assemblage ne manquerait pas de se déverser en avant du théâtre, en raison de la pente de celui-ci, et par l'effet des fortes secousses que ces fermes éprouvent en diverses circonstances. Pour prévenir cet accident il faut renverser ces fermes en arrière, en leur donnant un fruit ou surplomb d'un vingtième ou même d'un dix-huitième de leur hauteur totale, pour qu'elles s'arc-boutent contre cette tendance à se déverser et qu'elles se maintiennent en place.

Plancher du théâtre.

Le plancher d'un grand théâtre doit s'ouvrir dans toutes ses parties, et cependant être construit de manière à avoir la plus grande solidité. Le moment où il éprouve la plus grande fatigue est quand une troupe y manœuvre. L'égalité du pas imprime un mouvement à tout ce qui le compose. On le fait en planches de sapin de 33 millimètres (15 lignes) d'épaisseur, formant de petites *tables* ou *trappes* (Pl. V, *fig.* 3) d'à peu près 95 centimètres (3 pieds) carrés, munies chacune de deux *barres* larges de 10 centimètres (4 pouces), et attachées à 45 centimètres (21 lignes) de leurs *à-bouts*; les autres parties sont composées de *grands* et de *petits trapillons*, les petits (*fig.* 4, *b b*) servent au passage des *faux-châssis* qui portent les *feuilles de décoration*; les grands *a a* à celui des *fonds* ou fermes de décoration qui montent du dessous. On munit ces derniers de charnières pour les fermer et les ouvrir au besoin. Ce plancher ainsi construit n'est fixé nulle part : toutes les parties en sont mobiles et peuvent se déplacer et se replacer à volonté. Le reste, c'est-à-dire les côtés depuis le mur latéral jusqu'à la *ligne de la levée*, et *l'avant-scène*, depuis la rampe des lumières jusqu'au premier plan des châssis de décoration, est cloué à demeure.

Souvent aussi les trappes doivent disparaître pour donner passage aux objets qui montent du dessous et apparaissent sur la scène. Il faut, à cet effet, que les trappes s'ouvrent et se ferment avec la plus grande célérité, sans que les spectateurs s'en aperçoivent. De plus, il est nécessaire que, quand elles sont closes, la partie du plancher qu'elles occupent ne perde rien de sa solidité et ne laisse craindre aucun accident..

Un mécanisme aussi simple qu'ingénieux remplit toutes ces conditions de sécurité. Les trappes portent, par leurs bouts, dans une feuillure bien alignée de 33 centimètres (15 lignes) de profondeur, et entaillée le long des arêtes supérieures des sablières (Pl. V, *fig.* 1 et 2). La feuillure qui correspond à la dernière table mobile forme un plan incliné dont le sommet *a*, du côté du théâtre, coïncide avec le fond de la rainure des autres tables, et le fond, du côté de *la ligne de la levée b*, descend 47 millimètres (21 lignes) plus bas. De là on prolonge ce refouillement sur la profondeur et de niveau, le long des sablières, au-dessous du plancher dormant, jusque contre le mur latéral du bâtiment. Un levier *c*, dont le centre de rotation est en *d*, sert à ouvrir ou à fermer la première trappe. Veut-on la fermer? il suffit de placer le levier dans une position verticale; s'agit-il, au contraire, de l'ouvrir? on fait tourner le levier.

Au-dessous des tables mobiles sont placés des

anneaux ou crochets *e*. Ainsi, pour ouvrir les trappes, l'on n'a qu'à attacher une corde à l'anneau de la dernière table que l'on veut ôter, passer ensuite cette corde sur le rouleau, et la tirer en faisant tourner le levier. Au moyen de ce léger travail, qui demande très peu de temps, on fait passer dans le refouillement toutes les tables qui sont en-deçà de l'anneau où la corde est accrochée, et il se forme une ouverture d'une longueur déterminée. Pour fermer les trappes, il faut que l'autre bout de la corde soit attaché en sens contraire à l'anneau de la première trappe qui s'est placée dans le refouillement. On tire cette corde qui passe sur le rouleau, on fait remonter les tables à leur place, et la trappe est fermée.

Entre le plancher du théâtre et les corridors latéraux, dans une hauteur de 10 mètres 66 centimètres (31 pieds), il ne doit rien exister autre chose que des caisses appliquées le long du mur pour recevoir et conduire les *contre-poids*. Ces cheminées ont intérieurement 40 centimètres (15 pouces) carrés, et sont formées de madriers de sapin, fixés aux murs au moyen d'équerres de fer. Leur position est déterminée par la place qu'occupent ces contre-poids.

Il convient de pratiquer aux quatre angles du théâtre des escaliers commodes, de fond en comble, pour le service général et pour les divers mouvements des ouvriers. Dans les parties latérales, vis-à-vis les gros poteaux qui portent les fermes du comble, on établit de légers pans de bois (Pl. X, *o o*) de 2 mètres 27 centimètres (7 pieds), et que l'on fait monter jusqu'au-dessous des corridors du cintre. Il forme des cloisons à claire-voie pour recevoir, case par case, les châssis de chaque décoration.

Le cintre.

On appelle *cintre* l'espace supérieur du théâtre réservé sous le comble.

Une ferme de charpente pour le comble d'un grand théâtre, quand il n'est pas construit en fer, comme on le fait presque généralement aujourd'hui, ne doit être que le moins possible chargée de bois; cependant il lui faut de la solidité et de la force, parce qu'elle doit porter le comble, et, de plus, deux planchers de machines, toutes les *toiles*, tous les *ponts*, sans compter les secousses multipliées qu'occasionne chaque changement de décoration. La ferme dont nous parlons doit être construite de manière que tous les bois en soient *mi-plats*, et occupent le moins de place possible. (Voir les Pl. XIV à XX, où sont représentées les fermes les plus intéressantes, tant en bois qu'en fer.)

Les combles des théâtres sont plus élevés que les combles ordinaires, puisqu'il faut placer deux planchers dans la hauteur, l'un posé sur les grands *entraits* (Pl. IX et X, *ee*), l'autre sur les *seconds entraits ff*, à la distance d'environ 3 mètres 25 centimètres (10 pieds) l'un de l'autre, afin que l'on puisse y manœuvrer commodément.

Les toits terminés en croupe au-dessus du fond des théâtres sont tout-à-fait incommodes, parce qu'ils s'abaissent sur le *gril* à l'endroit même où il est nécessaire que celui-ci conserve toute sa hauteur; car c'est dans le fond que se produisent les plus grands effets, tels que les *orages*, les *mers*, les *monuments*.

Le plancher inférieur posé sur les grands entraits est ce qu'on appelle le *gril*. Ce plancher tire son nom de ce qu'il est à *claire-voie*, et que les planches dont il est composé sont placées à égale distance l'une de l'autre. Il supporte en dessus les *moufles*, les *tambours* et les cordages; il porte en dessous, suspendus à ses solives, les *moufles* qui font mouvoir les *toiles* ainsi que les *ponts-volants* (Pl. X, *g*) et les *ponts à demeure* *h h*. Les *corridors latéraux i k* sont également suspendus à ce plancher. Les solives du gril reposent sur l'entrait, et sont espacées d'à peu près 69 centimètres (2 pieds 9 pouces) de milieu en milieu; elles ont de 13 à 18 centimètres (5 à sept pouces) de grosseur : on les place de *champ* et sur leur fort.

Elles ne sont fixées sur l'entrait que par des entailles réciproques de 13 millimètres (6 lignes) de profondeur, seulement au droit de leur portée, ce qui suffit pour les maintenir solidement en place, et n'empêche pas de les déplacer lorsque cela est nécessaire. Pour ce qui regarde la pose, on prend l'axe du théâtre sur l'entrait, puis on place une solive à 13 millimètres (6 lignes) de distance de chaque côté de cet axe, ce qui laisse 27 millimètres (1 pouce) entre les deux premières solives; et du milieu de chacune de celles-ci, on établit les distances pour les autres solives, ainsi qu'il a été dit plus haut. Le vide qui se trouve entre les deux premières solives *l* se nomme le *pouce*. On place ainsi ces solives à 27 millimètres (1 pouce) l'une de l'autre, afin de pouvoir trouver toujours la ligne du milieu libre d'un bout du théâtre à l'autre. S'il y avait une solive sur cette ligne, elle serait continuellement percée de trous, par suite des différents objets qu'on voudrait y placer ou y régler.

On place sur les mêmes entraits, à l'aplomb des *corridors latéraux*, deux solives plus fortes que les autres; ces solives *m* ne peuvent avoir moins de 18 centimètres (7 pouces), sur 24 centimètres (9 pouces). On laisse entre elles un intervalle de 10 centimètres (4 pouces), et c'est à elles que sont suspendus les corridors; elles portent également l'*à-bout* des ponts à demeure et des ponts-volants, et, de plus, les appels des diverses toiles à enlever.

Pour faire le gril, on choisit de fortes planches de sapin, qu'on place transversalement sur les solives, à 27 millimètres (1 pouce) environ de distance l'une de l'autre, en ne les y fixant que légèrement, parce qu'on a souvent besoin de les déplacer. Il conviendrait de les avoir toutes d'égale largeur, et de disposer la première de manière qu'elle soit parallèle au premier plan du théâtre. Il résulterait de cette disposition, bien que le dessous de ce plancher se trouve sans cesse embarrassé par les ponts et les toiles, et que le dessus soit chargé de cordages sans nombre, de moufles, etc., il résulterait, disons-nous, que l'ouvrier machiniste retrouverait toujours les joints qui lui donneraient invariablement les aplombs des plans du bas, et qu'on aurait beaucoup plus de facilité pour les opérations à faire lorsqu'on *plante* une décoration au théâtre, c'est-à-dire qu'on l'y établit et l'y règle. C'est aux solives de ce gril que sont suspendus ordinairement, à 1 mètre 95 centimètres (6 pieds), en contrebas, les *ponts-dormants* et les *ponts-volants*. Les premiers ont communément 40 centimètres (15 pouces) de largeur; ils sont portés par des *étriers* en bois solidement fixés aux solives. Pour la sécurité des ouvriers, l'on attache à hauteur convenable des appuis ou *garde-fous*. C'est de dessus ces ponts qu'on enlève et qu'on règle toutes les toiles.

Les ponts-volants *g* ne sont suspendus que par des étriers de cordage, et ils ont pour gardefous une simple corde tendue. Ils doivent être le plus légers possible, vu que, durant le cours du spectacle, ils peuvent être *levés* et *baissés* plusieurs fois. On les fait de planches de sapin entées l'une sur l'autre. C'est sur ces ponts que les *allumeurs* se placent pour faire, avant et après le spectacle, le service des *rampes* ou *herses* qui portent, dans des étuis à ressort, les bougies qui doivent éclairer les *plafonds* et les *bandes d'air*.

Les solives du gril devant porter, comme nous l'avons vu, un grand nombre d'objets fort lourds, il faut, pour prévenir les accidents, ne pas charger les mêmes solives de tout le fardeau, mais partager celui-ci de manière que les solives qui portent les ponts ne portent pas aussi les toiles de plafonds et les bandes d'air.

Le second plancher pratiqué dans la hauteur du comble repose sur le second entrait f; il est fait en gril, et ressemble au précédent. Il sert à recevoir toutes les machines qui, dans les grands théâtres, enlèvent les plafonds des *salles de bal, de concert,* ou tout autre objet qui demande un service moins actif que les opérations ordinaires. Comme le grand gril, il est chargé de *cylindres*, *tambours*, *moufles*, *treuils*, etc.

Les planchers ou corridors latéraux sont au nombre de quatre, deux de chaque côté, à des hauteurs différentes. Les premiers (Pl. VIII,

IX et X, *i*), dans les grands théâtres, doivent être élevés de 9 mètres 75 centim. (30 pieds) au-dessus du sol, et suivre dans leur longueur la même pente, de sorte qu'un châssis qui passe dessous au premier plan, y passe de même au dernier. Le second corridor est de niveau *k*. Les uns et les autres sont suspendus au comble par un bout, et par l'autre bout ils tiennent aux murs, où ils sont retenus par des ancres de fer. Pour les construire solidement, on assemble entre les deux fortes solives *m*, qui ont été indiquées sur le gril, à 10 centimètres (4 pouces) l'une de l'autre, des supports en bois suspendus aux solives, convenablement espacés; ils portent des échelles fixes par lesquelles on monte aux différentes hauteurs des ponts et des planchers.

C'est à ces pièces pendantes que s'assemblent les solives de ces deux *planchers latéraux*, de manière qu'on puisse les démonter facilement, et elles sont recouvertes de planches ajustées par trappes, pour qu'on puisse les lever au besoin (Pl. VII, *b*). Le plus bas de ces corridors n'est chargé que des *ouvriers manœuvrants* et des *retraites*, ou cordages qui font mouvoir toutes les machines dans cette partie. Toutes les machines du haut se *lâchent* de ce corridor, parce que, de cette hauteur, l'ouvrier manœuvrant voit ce qu'il fait mouvoir.

Le second corridor (Pl. VIII), au-dessus du précédent, est beaucoup plus chargé; il porte tous les *contre-poids*, les *treuils* et leurs équipages. Il se trouve en retraite du premier de 43 centimètres (16 pouces), pour qu'on ait un passage libre entre les supports du premier, et qu'on puisse, par les échelles fixes qui y sont attachées, monter partout.

On établit sur le premier corridor de forts bâtis de charpente, portant des pièces de bois cylindriques et fixes (Pl. X, *n*), pour y passer les cordages qui servent de *modérateurs* à tous les mouvements de cette partie.

Chariots ou porte-châssis.

On entend par *rue* la distance d'un châssis à l'autre.

Les rues d'un théâtre, pour être convenablement distribuées, doivent avoir 2 mètres 5 centimètres (6 pieds 4 pouces) de large chacune. Avec cette dimension, elles portent trois chariots ou faux-chassis, et la distance d'une ferme à l'autre est de 4 mètres 11 centimètres (12 pieds 8 pouces) de milieu en milieu.

Avec cette disposition, on a la facilité de préparer à l'avance deux changements successifs au lieu d'un seul.

Dans les théâtres de second ordre, l'on n'a communément que deux chariots par rue, et la rue a 1 mètre 46 centimètres (4 pieds 6 pouces) dans œuvre.

Les chariots servent à la fois de supports et de véhicules aux feuilles de décoration qui sont disposées de chaque côté du théâtre. Leur largeur, pour les théâtres de première grandeur, est de 1 mètre 75 centimètres (6 pieds) à 2 mètres 60 centimètres (8 pieds) hors œuvre; leur hauteur, de 7 mètres 15 centimètres (22 pieds) à 7 mètres 69 centimètres (24 pieds). Un chariot se compose d'une forte pièce de bois, nommée *patin* (Pl. VI, *fig*. 1, *a*), dans laquelle s'emmanche quatre *montants b b b b* de 8 sur 13 centimètres (3 pouces sur 5), liés deux à deux, à 73 centimètres (2 pieds 5 pouces) plus bas que le dessous des sablières du plancher du théâtre par une *entre-toise c c* de 19 centimètres (7 pouces) de largeur sur 8 centimètres (3 pouces) d'épaisseur. Les têtes de chacun de ces quatre montants sont tenues à 27 millimètres (1 pouce) au-dessous des sablières par une *plate-bande* de fer *d*, et prennent, à partir de cette *plate-bande*, la forme d'un *tenon*, de toute la largeur du bois, et 27 millimètres (1 pouce) d'épaisseur, passant entre les deux sablières du plancher du théâtre, qui sont distantes l'une de l'autre de 31 millimètres (14 lignes). Ce sont ces tenons qui maintiennent droit les chariots et les faux-châssis qu'ils portent lorsque les roulements ont lieu, en empêchant tout déversement résultant de la secousse du temps d'arrêt.

Il faut que le chariot puisse se mouvoir avec la plus grande facilité possible, et, pour obtenir cet effet, l'on encastre des lames de fer de 15 millimètres (7 lignes) d'épaisseur, de 54 millimètres (24 lignes) de largeur, de champ, et de 18 millimètres (8 lignes) de profondeur sur toute la longueur du dessus des cours des sablières du plancher supérieur du dessous du théâtre, dont elles lient et renforcent l'assemblage (*fig.* 4, 7, 8 et 9).

Ce *chemin ferré* sert en même temps à supporter et à diriger invariablement *la course* du chariot; sa tranche saillante reçoit la gorge des poulies de cuivre disposées à chacun des bouts du patin (*fig.* 1, *ll*), et ayant de 27 à 32 centimètres (10 à 12 pouces) de diamètre. Cette gorge ne portant que 20 millimètres (9 lignes) de largeur sur 30 à 32 millimètres (13 à 14 lignes) de profondeur, il reste 9 à 11 millimètres (4 à 5 lignes) de jeu entre le dessus de la sablière et le dessous des roulettes, endroit où il ne doit jamais s'établir de frottement. Chacun des bouts du patin est armé d'une frette *e e* portant un crochet à ressort appelé porte-mousqueton, auquel on accroche l'anneau attaché à l'extrémité du cordage qui transmet au chariot le mouvement du contrepoids.

Souvent on établit aussi, sur le plancher de service, d'autres chariots de différentes grandeurs, montés sur des roulettes en cuivre, et construits comme les chariots des coulisses (*fig.* 5 et 6). Ils servent à enter, supporter et transporter au besoin des châssis accidentels entre lesquels l'on attache des feuilles de décoration accessoire, ou des plans intermédiaires que l'on veut avancer en scène par les côtés et au travers des espaces recouverts par les trapillons, sans avoir l'embarras de les équiper, de manière à les faire monter du dessous. On tient ces chariots en réserve, il suffit de les pousser à bras pour les faire avancer ou reculer, lorsque l'on veut en faire usage, et, à moins de cas extraordinaires, on n'emploie point de contre-poids pour les mettre en mouvement.

Faux-châssis.

On appelle faux-châssis les échelles qui portent les feuilles de décoration : ils sont distants l'un de l'autre de 40 centimètres (15 pouces), et ont de 5 mètres 84 centimètres à 7 mètres 80 centimètres (18 à 24 pieds) de hauteur; quant à leur largeur, elle est toujours de 21 à 24 centimètres (8 à 9 pouces) de moins que celle des chariots, parce que leurs parties inférieures doivent s'enchâsser entre les poteaux montants de ceux-ci. Ils se composent de deux montants (*fig.* 1 et 3, *ff*) de 8 centimètres (3 pouces) de large sur 8 centimètres (3 pouces) d'épaisseur, et dont les à-bouts inférieurs se prolongent de 97 centimètres (3 pieds) au-dessous du sol du théâtre, et s'emboîtent entre les traverses destinées à les recevoir pour les enter et les raffermir entre les montants des chariots. Ces à-bouts sont fort amincis en cette partie, car ils n'ont plus que 27 à 29 millimètres (12 à 13 lignes) d'épaisseur; mais on les entoure sur leur champ d'une très forte armature en fer, solidement boulonnée, dont les branches remontent de 97 centimètres à 1 mètre 30 centimètres (3 à 4 pieds) le long des faces latérales des montants, ce qui suffit pour en assurer la solidité (*fig*. 4). A 32 centimètres (1 pied) au-dessus du niveau du théâtre, ces montants sont assemblés par une traverse *g*, large de 16 centimètres (6 pouces), et à leur partie supérieure se trouvent deux autres traverses *i k*, larges seulement de 8 centimètres (3 pouces), et distantes de 32 centimètres (1 pied) l'une de l'autre.

Dans l'intervalle, entre la traverse du bas et la traverse inférieure du haut, on établit une échelle de 21 centimètres (8 pouces) de large, pour monter aux faux-châssis. Ces échelles doivent pouvoir se démonter facilement.

Quand on veut rendre le théâtre libre pour le transformer en salle de concert ou de bal, on déboîte les tenons des faux-châssis de dessus les chariots, en les élevant de 1 mètre 30 centimètres (4 pieds) au-dessus du sol du théâtre, au moyen de cordages enroulés sur une des lanternes du cintre, et ensuite on les descend dans les dessous par les ouvertures de trapillons.

Châssis ou feuilles de décoration, toiles de fonds, plafonds, bandes d'air ou ciels, plans accidentels.

Un châssis ordinaire, qui doit recevoir la toile de décoration, a 8 mètres 78 centimètres (27 pieds) de haut sur 2 mètres 27 centimètres à 2 mètres 60 centimètres (7 à 8 pieds) de large. Il est construit en *battants* et *traverses* de sapin, assemblés par entailles et arrêtés avec des clous. La rive extérieure est garnie de bois mince ou *volige*, pour y découper les contours qu'exige l'ordonnance de la décoration.

Les toiles sont clouées sur les châssis avec des broquettes, et sur leurs revers on colle du papier gris pour les raffermir, boucher les trous, et empêcher la transparence; car si les lumières sont vues à travers le châssis, l'illusion s'affaiblit pour les spectateurs. Les autres parties de la décoration, telles que *terrains inclinés, montagnes, degrés*, conduisant à des lieux élevés, s'établissent sur le sol du théâtre, où l'on apporte les objets qui les composent.

Les châssis sont disposés suivant des lignes qu'on appelle *lignes de l'avancée* (Pl. VI, *rs*), et *lignes de la levée tu* des châssis, dont les premières sont un peu convergentes vers le fond, selon la dégradation des lignes de fuite de la perspective.

La ligne de la levée des châssis devrait toujours être à peu près parallèle à l'axe en longueur, pour que l'on put obtenir à volonté des espaces libres de l'un et de l'autre côté du théâtre, en supprimant momentanément quelques unes des coulisses ordinaires; ce qui produit un effet très agréable dans les décorations irrégulières ou pittoresques : c'est ce qui s'appelle *sauter des plans*. Or comme, en ce cas, il importe que la feuille de décoration de l'arrière puisse prendre assez de recul pour que le rayon visuel du spectateur ne s'échappe pas au travers du vide qu'on a formé en supprimant des plans, il s'ensuit qu'il est indispensable de ménager une course beaucoup plus longue au recul des châssis de coulisses du fond qu'à celui des châssis des plans avancés. On agrandit ainsi le sol du théâtre, et l'on peut varier à l'infini les apparences de la scène.

Les toiles de fond qui ferment le théâtre dans sa hauteur et dans sa largeur, ainsi que le rideau de l'avant-scène, sont suspendus à huit ou dix cordes, fixées aux solives du gril, et nouées d'un côté à des crochets de fer, et de l'autre à une perche qui porte le bout supérieur de la toile. Ces cordages se nomment *cordes-mortes* ou *faux-cordages*; ils ne se détachent jamais de la toile, et servent à régler la juste position des toiles, lesquelles sont garnies d'autres cordages qui servent à les élever et à les abaisser.

Les toiles auxquelles on donne le nom de *plafonds* pour les palais, les temples, les appartements, et celui de *bandes d'air* ou *ciels* dans les autres usages, sont tendues dans toute leur largeur sur des bâtons de frêne, et elles sont suspendues comme les toiles de fond par des cordes-mortes ou faux-cordages.

Indépendamment des toiles de fond ou des rideaux, et des toiles de ciel, qui sont flexibles et qu'il est toujours facile de faire monter ou descendre des machines du cintre, où elles sont suspendues, on est forcé de placer d'autres fonds et des plans intermédiaires plus solides, représentant des arcades, des entre-colonnements, des groupes d'arbres ou de rochers, autour desquels il faut que les acteurs circulent aussi librement que si ces objets existaient en relief; il y a même de ces plans qui doivent être percés de portes et de fenêtres, qu'il faut pouvoir fermer et ouvrir à volonté. Il est alors indispensable que les toiles destinées à recevoir la peinture de ces diverses parties soient tendues sur des cadres au bâtis de menuiserie, solidement assemblés, et que l'on construit le plus légers qu'il est possible.

Néanmoins ces sortes de bâtis sont presque toujours fort lourds, surtout quand ils traversent tout le théâtre. Ils s'équipent sur le plancher de service; on les élève ensuite jusqu'à la place qu'ils doivent occuper sur la scène, d'où on les retire en les replongeant dans le dessous; et ces mouvements, comme nous le verrons plus tard, s'exécutant sans que les spectateurs puissent apercevoir aucun des cordages, ni aucune des machines qui les produisent, les fonds et les plans semblent sortir de terre et y rentrer comme par enchantement.

Le peintre-décorateur doit être libre d'imaginer tout ce qu'il croit propre à produire de grands, de beaux effets; et les plans intermédiaires, les plans accidentels, montant des dessous, ainsi que les plans sautés, lui sont d'un grand secours pour varier, pour enrichir ses compositions.

Différentes machines.

Un théâtre doit être muni d'un grand nombre de diverses machines qui sont distribuées, partie dans le dessous, partie dans le cintre.

On appelle en général *tambours* ou *cylindres* deux roues d'égal diamètre, ayant un même *arbre* ou *mandrin* qui leur sert d'axe, placées à une certaine distance l'une de l'autre, et couvertes de lattes ou planches clouées à leur circonférence. Sur le théâtre, on nomme *tambours des fils* ou *d'appel* le cylindre qui reçoit les *fils* ou *cordages* des objets à mouvoir.

Le *tambour des retraites* est le cylindre qui fait mouvoir. Le tambour des *fils* est chargé de la *résistance;* celui des retraites de la *puissance*. On appelle *retraite* un cordage passé sur le tambour du même nom.

L'usage est de placer à l'aplomb de l'axe du théâtre, un cylindre dans la travée du milieu des parpings dont nous avons parlé plus haut (Pl. 1, *fig.* 1, *bb*). Ce cylindre, qui sert à faire les changements de décoration, commence du côté de l'orchestre, au droit du dehors de la première file de poteaux du devant de la première petite rue, et se prolonge jusqu'en dehors des poteaux de la sixième rue. Il se trouve avoir, par conséquent, 10 mètres 40 centimètres (32 pieds) de long. Un second, et quelquefois même un troisième cylindre, se placent sur le prolongement du premier, en arrière des six premiers plans. C'est le nombre des plans dont on veut faire le service qui détermine celui des cylindres. On en dispose encore d'autres dans les autres travées du dessous *cc*, *dd*, de manière toutefois qu'il y en ait toujours une de libre pour faciliter la circulation.

Les rangs des cylindres latéraux commencent sur la même ligne que celui des cylindres du milieu; mais la longueur du premier cylindre sur le devant, au rang de droite, ne doit embrasser que trois petites rues, tandis que celui de gauche doit en comprendre quatre. On recommence ainsi de trois et quatre alternativement, en opposition d'un rang à l'autre; on continue jusque vers le fond, et l'on ajoute à la longueur du cylindre le plus reculé de chaque rang la fraction restant de cette division. Les arbres de tous les cylindres doivent être de chêne, bien droit, et avoir de 21 à 24 centimètres (8 à 9 pouces) carrés. On les faisait autrefois à huit pans, mais cette forme ne vaut pas le carré, que l'on doit adopter de préférence, parce que les tambours qui garnissent les arbres à huit pans, tournent quelquefois sur eux lorsqu'ils portent de grands fardeaux.

Les arbres sont arrondis et ferrés à chaque bout, au moyen de frettes (*fig*. 3, *a*) et de *goujons*, ou tourillons de fer carré *b*, qu'on fait entrer à peu près de 32 centimètres (1 pied) dans le bois. La partie qui sort du bois, de 5 centimètres (2 pouces) environ est arrondie; une clavette *c* qui traverse l'arbre et le goujon les unit convenablement ensemble.

Les deux bouts d'un arbre, disposés comme nous venons de le dire, portent dans une *jumelle* fortement arrêtée sur les poteaux des fermes de charpente.

Cette jumelle s'entaille ordinairement dans les poteaux; au milieu est un trou qui reçoit le tourillon que l'on garnit d'un *pallier* ou *coussinet* de cuivre encastré de son épaisseur, au fond du puits qui doit recevoir le bout arrondi de l'arbre. Cette disposition fait que, dans le cas où le tourillon viendrait à se casser, l'arbre continuerait à tourner dans son puits, sur sa frette, sans être arrêté pour cela (*fig.* 6 et 7).

Tous les arbres de tambours qui ont plus de 3 mètres 90 centimètres (12 pieds) de long, ne sauraient être, pour le service qu'ils ont à faire, soutenus seulement par les deux tourillons. Ils doivent l'être, en outre, par un ou deux *collets* placés vers le milieu ; ce *collet* est composé de deux morceaux de bois (*fig.* 4 et 5, *b b*) joints ensemble, portant la même longueur que les jumelles, et s'emmanchant comme elles dans les poteaux de la charpente *cc*. Au milieu de leur jonction l'on perce un trou circulaire de 5 centimètres (2 pouces) plus large que le diamètre de l'arbre à y placer. Dans cette lunette on dispose cinq petits rouleaux de cuivre *d d* pour faciliter le mouvement de l'arbre, qui, à cet effet, se trouve arrondi en cet endroit et armé d'une bande de fer *a*.

Dans l'intérieur du tambour on dispose de 32 en 32 centimètres (pied en pied) des plateaux ronds sur lesquels se clouent bien serrées des douves de sapin creusées en dedans et arrondies par-dessus. Avant de clouer la dernière douve, on fixe sur l'arbre, de distance en distance, des *boucles* de cordage appelées *prisonniers*, dont les bouts sortent du tambour et arrêtent solidement ce qu'on veut fixer sur celui-ci.

La construction de tous les autres tambours est la même que celle dont nous venons de donner les détails.

Les tambours, dans le plancher intermédiaire du dessous, s'établissent sur les côtés entre les derniers poteaux (Pl. II, *a a*). Ces tambours servent à enlever les trappes et à faire monter sur la scène, ou à en faire descendre les objets accessoires les plus usuels, tels que tables, bancs, trépieds, arbres. Comme ce plancher suit la pente du théâtre, et qu'il faut absolument qu'un cylindre soit posé de niveau, ces cylindres ne peuvent occuper que deux rues : mais il faut toujours les poser du devant d'une rue au derrière de l'autre.

Dans le cintre il y a encore nombre de tambours, mais de diamètres différents, qu'on appelle cylindres dégradés ; autour de ceux-ci, s'enroulent les fils auxquels on suspend les plateaux horizontaux, dits *gloires*, les *chars*, les *toiles d'air*, que l'on veut descendre à diverses hauteurs au-dessus du sol du théâtre, et remonter par le secours d'un seul contre-poids.

La longueur des fils que les divers degrés de ces cylindres déroulent à chaque tour, variant comme les diamètres des rouets d'où ils se dévident ou sur lesquels ils s'enroulent, il s'ensuit que l'on doit varier aussi, dans le même rapport que ces diamètres, l'abaissement ou l'élévation des divers objets que ces fils supportent.

Le tambour qui fait le service du rideau de l'avant-scène est dégradé en limaçon; sa forme est semblable à celle d'une fusée de montre, et la développée de la courbe de cette *hélicoïde*, doit être égale à celle de la hauteur de toute la chute du contre-poids destiné à mettre en action le cylindre auquel il est adapté.

Les rayons recteurs de cette hélicoïde peuvent être ici considérés comme étant les leviers d'une résistance, ou comme étant ceux d'une action. Le choix dépend de l'usage que l'on veut en faire.

Cela posé, si dans le sens contraire de l'enroulement du cordage de suspension du contre-poids sur le tambour de retraite, et à partir du sommet du cône de cette hélicoïde, on enroule dans sa gorge un cordage auquel on suspend un autre poids un peu moindre que le précédent, ce second poids s'élèvera à mesure que le moteur descendra. Or, la longueur du levier qui supporte le second poids, s'accroissant progressivement pendant la rotation de la fusée, la résistance qu'il oppose à la descente du contre-poids augmentera en même raison que l'énergie de celui-ci s'accroît par l'accélération de sa chute; il en résultera entre les deux poids un état approchant de l'équilibre, et, dans tout l'équipage, un mouvement à très peu près uniforme, qu'il est ensuite facile d'achever de régler par le moyen d'une faible *traite à la main*. Il ne faut pas perdre de vue, quand on emploie des cylindres dégradés en limaçon, que le cordage qu'ils supportent éprouve une déviation latérale, égale à la longueur de la portion de l'axe du cône que ce même cordage a découvert, et que rien ne doit entraver ce mouvement latéral.

On a reconnu, par l'expérience, que le mouvement des châssis de décoration n'était ni trop précipité, ni trop lent, en raison du temps dont on peut disposer pour l'exécuter, lorsqu'il suffisait d'enrouler trois tours de fil de traction sur le grand cylindre de changement, pour amener les châssis à la place qu'ils doivent occuper sur la scène. La plus grande course qu'un châssis ait à parcourir étant de 4 mètres 87 centimètres (15 pieds), il est évident que la circonférence du cylindre qui doit enrouler en trois tours une pareille longueur de ce fil, doit être de 1 mètre 62 centimètres (5 pieds). Mais le tambour de retraite, fixé sur l'axe de ce cylindre, et qui tourne par conséquent avec lui, dévidera en même temps trois tours de cordage de suspension du contre-poids, en sorte que la hauteur que la verticale de ce dernier aura parcourue, pendant sa descente, sera toujours égale à la longueur développée des trois tours de cordage déroulés de dessus la circonférence de ce tambour.

Nous ne présentons ce cas particulier que comme un exemple d'après lequel on peut, en généralisant la question, établir les termes de la proportion suivante.

La longueur du fil enroulé sur un cylindre d'appel est à la longueur du cordage de suspension du contre-poids moteur comme la cir-

conférence du cylindre est à la circonférence de son *tambour de retraite.*

Ainsi, dans la recherche des dimensions respectives les plus convenables de toutes les parties de ces sortes de machines, on doit considérer la longueur du fil de traction qu'il s'agit d'enrouler sur le cylindre d'appel, le nombre de tours que doit faire ce cylindre pour envider exactement, dans un temps donné, le fil de traction, la développée de la circonférence que l'on veut donner à ce même cylindre, la circonférence du tambour de retraite, le rayon du cylindre, le rayon du tambour, la hauteur de la chute du contre-poids, la résistance qu'oppose la décoration que l'on veut faire mouvoir, et enfin la pesanteur de ce contre-poids.

De toutes ces parties, il n'y en a qu'une qui soit bien déterminée, c'est la longueur du fil de traction qui est toujours égale à la longueur du trajet que doit parcourir l'objet que l'on veut faire avancer ou reculer, monter ou descendre, en comprenant dans la longueur développée de ce fil toutes les parties qui passent et retournent entre les moufles, ainsi que cela se fait communément lorsqu'il s'agit d'équiper les rideaux, les toiles d'air, les vols et les fermes de décoration qui s'élèvent des dessous. Les autres parties sont variables entre elles, et l'on peut leur attribuer diverses valeurs à volonté, mais en observant toutefois de les compenser mutuellement, sans détruire les rapports qui les régissent relativement à l'état de la question et aux fonctions qu'elles remplissent.

Cependant ces variations ont des limites que l'on ne peut pas outrepasser : telles sont, par exemple : 1°. la hauteur de l'édifice, relativement à celle que l'on peut donner à la chute du contre-poids; 2°. la longueur du plus grand diamètre que puissent avoir les tambours de retraite, y compris celle des palettes ou leviers répartis au pourtour de leur fond, le tout ensemble devant toujours être moindre que la hauteur comprise entre le sol et le plafond des lieux où ces objets doivent être installés.

Dans l'état d'équilibre entre la résistance qu'oppose la marche des chariots chargés de châssis de décoration ou autres objets qu'il s'agit de mettre en mouvement par l'action de la pesanteur d'un contre-poids, et par l'entremise de cylindres garnis de leur tambour, on a cette autre proportion :

Le rayon du cylindre d'appel est au rayon

du tambour de retraite comme la pesanteur du contre-poids est à la résistance.

En supposant que l'on eût donné des valeurs à tous les termes de cette proportion, et que, par un motif quelconque, on voulût augmenter ou diminuer celle de quelqu'un d'entre eux, il serait facile de déterminer, par le calcul ordinaire des proportions, la valeur qu'il faudrait attribuer à chacun des autres, sans altérer les rapports mutuels qu'ils doivent conserver entre eux.

L'art du machiniste consiste à accorder, à compenser respectivement toutes les parties de manière que les équipages puissent agir avec liberté, sans qu'il y ait surcharge, secousse, ou frottement inutile, ou perte de temps, et qu'ils puissent produire le *maximum* d'effet au moyen du *minimum* de forces nécessaires pour les faire mouvoir.

On ne donne jamais moins de 32 centimètres (1 pied), ni plus de 71 centimètres (2 pieds 6 pouces) de diamètre, tant aux corps de cylindre ou tambours d'appel, qu'à ceux des lanternes du cintre, et moins de 64 centimètres (2 pieds), ni plus de 1 mètre 30 centimètres (4 pieds) de diamètre, au corps de tambours de retraite.

On graduait autrefois le diamètre du grand cylindre de chargement par divisions respectivement correspondantes au droit des plans de décoration dont il fait le service, et en proportion de la course qu'avaient à faire les chariots de chacun de ces plans; on tendait ensuite bien exactement tous les fils de traction. Mais il vaut mieux, comme on le fait aujourd'hui, ne conserver qu'un seul et même diamètre, ou cylindre, dans toute son étendue, et régler d'après cette donnée la longueur que doivent avoir les fils de chaque plan, pour que, partant à divers intervalles de temps, les chariots les plus avancés, comme les plus reculés, n'en arrivent pas moins ensemble et précisément au même instant à la place qu'ils doivent occuper. Or, ce but est rempli en donnant le *lâche* nécessaire aux fils des chariots qui ont le moins de trajet à faire pour qu'une portion de ce fil s'enroule d'abord à vide, c'est-à-dire sans rien tirer, et ne fasse partir le chariot qu'à l'instant précis où la rotation du cylindre laisse tout juste à ce chariot le temps nécessaire pour arriver au point où il doit s'arrêter.

La même observation s'applique à l'équipement des bandes d'air et de plafond, sur les lanternes du cintre et les cylindres dégradés.

Le service des retraites, dont nous avons parlé plus haut, est très pénible, et, dans les grands théâtres, il est quelquefois dangereux pour les ouvriers qui en sont chargés; car si le cordage de retenue les entraîne, leur échappe des mains, ou vient à se rompre, ils sont exposés à être renversés, et quelquefois écrasés entre les équipages, dont rien ne peut alors arrêter ni même ralentir le mouvement accéléré de rotation, qui se continue jusqu'à la fin de la chute des contre-poids. Pour assurer ce service et ménager les efforts de ces retraites, on affermit le cordage de la retraite en lui donnant un tour, ou au plus un tour et demi, autour d'un rouleau horizontal mobile, sur tourillon, désigné au théâtre sous le nom de *rouleau modérateur* (Pl. XI, *m*), ce qui fournit à la fois un point d'appui et une résistance de frottement qui favorise le succès de cette opération.

On place des rouleaux modérateurs sur les planchers de service, au droit de tous les tambours attenant aux cylindres du dessous, et l'on en garnit aussi tous les intervalles compris entre les poteaux montants, des lisses appuis, et des étriers qui supportent les poutrelles de rive des corridors de service.

Le diamètre de ces rouleaux peut varier de 16 à 24 centimètres (6 à 9 pouces), selon la force des machines dont ils font partie.

On les établit toujours de niveau, indépendamment de l'inclinaison des planchers, et en laissant 8 à 10 centimètres (3 à 4 pouces) de jeu entre leur dessous et le point où ils se rapprochent le plus du sol, parce qu'à cette hauteur, l'ouvrier qui file le cordage de retraite peut toujours poser commodément le pied sur le rouleau, pour se placer en force.

Les *chevilles de retraite* (**Pl. XI**, *n*) sont des barres de bois inclinées de 49 centimètres (18 pouces) de long, 10 centimètres (4 pieds) de large, et 5 centimètres (2 pouces) d'épaisseur, disposées au-dessus des rouleaux de retraite, et autour desquelles on arrête les cordages de retraite par deux tours en croix et un nœud coulant. Lorsque tout est disposé pour exécuter un changement de décoration, on ne détache ce nœud qu'au moment où l'on veut lâcher le cordage pour opérer ce mouvement.

Un *treuil* est un cylindre qui tourne sur un axe, que deux points fixes supportent, et autour duquel s'enroule une corde traînant un fardeau.

Le *treuil* de théâtre est un arbre en bois de chêne, dont la longueur est de 1 mètre 62 centimètres (5 pieds), et la grosseur de 21 centimètres (8 pouces) (Pl. VIII, *fig.* 2, *a*). On arrondit à 5 centimètres (2 pouces) de longueur les deux bouts, qu'on frette et qu'on goujonne ensuite, comme l'arbre des tambours. Aux deux extrémités, près des parties arrondies, on place deux leviers ou *palettes* de sapin (*fig.* 3 et 4) d'environ 97 centimètres (3 pieds) de long, montés sur l'arbre, entre deux plateaux circulaires, avec lesquels ils sont unis par des clous. Tous les tambours de retraite étant indépendants les uns des autres, et chacun d'eux devant être pourvu d'un contrepoids que l'on remonte après sa descente, il s'ensuit qu'il faut établir autant de treuils destinés à faire ce service qu'il existe de tambours de retraite, soit dans les dessous, soit dans les cintres.

La *moufle* est une machine qui consiste en un assemblage de plusieurs poulies, dont on se sert pour élever de grands poids en peu de temps. La multiplication des poulies dans la moufle est fort bien imaginée, car on a trouvé que la force nécessaire pour soutenir un poids par le moyen d'une moufle, est au poids lui-même comme l'unité est au nombre des poulies, en supposant que les cordes soient parallèles.

Sur le théâtre, on se sert de moufles de toute mesure; les plus petites ont des poulies de 8 centimètres (3 pouces) de diamètre, qui sont en noyer; il y en a même qui ont des poulies de 40 centimètres (15 pouces) de diamètre. Ces dernières sont de cuivre, et emmanchées trois dans une même *chape* pour les cordages des contre-poids et les diverses *retraites* du *haut* et du *bas* (Pl. X, *fig.* 2 et 3).

Les moufles à l'usage des *gloires* ont des poulies de bois de gayac de 24 centimètres (9 pouces) de diamètre, et les cordages qui y passent sont faits de fil de laiton.

Les *contre-poids* dont on se sert au théâtre sont composés d'une tige de fer (Pl. I, *fig.* 4, *a*) de 1 mètre 62 centimètres à 2 mètres 70 centimètres (5 à 8 pieds) de long, et de 40 centimètres (15 lignes) carrés, terminés en bas par un fort bouton *b* qui retient les pains de plomb ou de fer que l'on y enfile, et portant à son sommet un anneau en forme d'anse *c*, que l'on réunit à la tige au moyen d'une clavette *d*. Les pains dont la tige est chargée ont 27 centimètres (10 pouces) de diamètre, 67 millimètres (2 pouces 6 lignes) d'épaisseur, et pèsent ordinairement 100 livres. Ils ont à leur circonférence une entaille *d* qui permet de les placer et de les déplacer avec promptitude. Il existe encore des pains de 50 livres; ils servent pour augmenter ou diminuer la pesanteur du contre-poids, suivant le besoin. Chaque contre-poids est suspendu par trois, quelquefois seulement par deux cordes, dont l'une correspond à un treuil qui sert à monter le contre-poids à une hauteur suffisante pour qu'il puisse agir convenablement, et l'autre à un autre treuil placé sur l'axe du cylindre, qui reçoit, dans un autre sens, les cordes attachées aux châssis ou aux toiles de décoration. La troisième corde sert, dans des cas particuliers, pour modérer la vitesse de la descente du contre-poids.

Toutes ces cordes, avant d'aboutir aux treuils auxquels elles se rattachent, passent sur des poulies disposées dans des moufles.

Quel que soit le soin que prenne le machiniste pour établir la proportion la plus convenable entre la résistance des décorations et le contre-poids qui doit déterminer leur translation, il est toujours forcé de donner à ce contre-poids un surcroît de pesanteur suffisant, non seulement pour rompre l'équilibre, mais encore pour vaincre la force d'inertie, et déterminer le départ des lourds équipages qu'il s'agit de mettre en mouvement. Ce surcroît, dont une portion devient libre tout aussitôt après ce départ, augmente subitement l'action déjà gravitante de tout le système, ce qui surcharge la retraite à la main par un *à-coup* qu'il faut prévoir, afin de se tenir en mesure d'accroître à temps la résistance, et de modérer les effets progressifs de cette gravitation.

Manière de régler les chariots portant faux-châssis, et de les mettre en mouvement dans les changements de décoration à vue.

Dans plusieurs théâtres qui ne sont point pourvus de machines, des hommes placés derrière chacun des faux-châssis que l'on veut faire mouvoir, les tirent ou les poussent simultanément à signal donné. Mais, dans les théâtres à machines, le premier moteur, c'est un contre-poids, qui, par sa descente, opère tous les mouvements. Il fait non seulement avancer tous les châssis qui doivent être en évidence pour les spectateurs, mais il fait aussi reculer ceux qui doivent disparaître de la vue.

Pour faire agir un contre-poids, on le monte à une hauteur convenable, au moyen d'un treuil (Pl. XI, *fig*. 1, *a*) placé sur le plancher intermédiaire du dessous; car c'est dans le dessous que se trouvent les ouvriers affectés au service de cette manœuvre.

Le cordage destiné à monter le contre-poids, désigné au théâtre sous le nom de cordage au treuil, est attaché par un bout sur le treuil où on le passe et repasse plusieurs fois dans les leviers ou les palettes. L'autre bout, passant par-dessus le rouleau *b* et par le moufle de suspension *c*, vient s'arrêter dans l'anse de la tige du contre-poids *d*. Ce moufle est placé en cette partie lorsque le contre-poids n'exige pas une grande chute, ou que l'on peut disposer d'une assez grande profondeur; mais si le contre-poids avait à fournir une longue course, on placerait le moufle dans le cintre, au niveau du plancher du gril (Pl. X, *p*). Il porte deux poulies, dont l'une sert, comme nous l'avons déjà dit, au passage du cordage au treuil qui doit monter le contre-poids, et l'autre à celui du cordage de retraite au tambour, qui, d'un bout, est attaché au contre-poids, et de l'autre se trouve fixé à demeure, en sens contraire des cordages d'appel, sur le tambour des retraites *e*, dans un des prisonniers destiné à cet usage.

Après avoir fait avancer ensuite tous les chariots à l'arrêt *f*, on passe dans le moufle à plat et fixé *g* le cordage ou fil de renvoi du mouvement alternatif et réciproque, ou de *va-et-vient*, aux extrémités duquel sont attachés deux anneaux qu'on accroche aux porte-mousquetons postérieurs des patins de deux chariots *h h*, dont l'un doit avancer et l'autre reculer. Le porte-mousqueton de devant *i* reçoit l'anneau du fil d'appel, qui, passant par-dessus la poulie au rouleau *k* placé contre le pied des potelets, et entre les sablières en travers des petites rues, vient s'arrêter à demeure dans un prisonnier du cylindre *l*. Puis on fixe le cordage de retraite à la main au tambour des retraites *e*; on le fait passer quatre fois autour, et on le renvoie à un rouleau *m* pour modérer l'accélération de la chute du contre-poids moteur, et on l'arrête enfin sur la cheville de retraite *n* par plusieurs tours en croix, et un nœud coulant qu'on ne détache qu'au moment où l'on veut lâcher le cordage pour opérer le changement de décoration.

Pour amener en devant les chariots qui sont

en arrière, il faut remonter le contre-poids, et, à mesure qu'il remonte, faire tourner le tambour du sens qui redonne du lâche au fil. Cette manœuvre se fait en tirant la retraite à la main à mesure que le contre-poids monte. Lorsqu'il est à son point d'élévation, on décroche le fil d'appel pour l'accrocher à l'un des chariots que l'on veut faire avancer. Comme le cordage de retraite à la main est sur le tambour en sens contraire de celui du contre-poids, le tambour se trouve pris entre les deux retraites, sans qu'il puisse se mouvoir. Afin de lui en donner la liberté, au moment où le changement doit s'effectuer, le treuil *a* qui a monté le contre-poids, et qui le soutient, l'abandonne sur la retraite au tambour. Alors la retraite sur laquelle se trouve le poids, laisserait au tambour la liberté de tourner, s'il n'était pas retenu par la retraite à la main, qui est sur le tambour à contre-sens de l'autre. Ainsi, dès qu'on lâche la retraite à la main, le contre-poids qui descend fait tourner le tambour, qui, par le mouvement imprimé au fil d'appel, amène en devant tous les châssis qui étaient derrière.

Manœuvre des fermes de décoration et d'autres parties de décors.

Les fermes de décoration sont quelquefois fort étendues, et assez difficiles à faire mouvoir. Leur équipement exige des soins très recherchés lorsqu'on veut en assurer le service.

Pour qu'une ferme monte du dessous, il faut qu'elle soit soutenue par des supports dont chacun se compose de trois montants de sapin bien dressés et assemblés, appelés *âmes* des fermes de décoration (Pl. XI, *fig.* 2, *aa*), et portant environ 9 mètres 75 centimètres (30 pieds) de hauteur, sur 13 centimètres (5 pouces) de large, et 10 centimètres (4 pouces) d'épaisseur. Ils ont de chaque côté une cannelure de 20 millimètres (9 lignes) en tout sens pour recevoir un cordage. La face qui regarde le devant du théâtre reste entièrement libre du haut en bas, et c'est contre cette face que l'on applique et qu'on attache avec des boulons les montants des châssis des fermes de décoration.

Ces âmes coulent dans de longs conduits nommés *cassettes bb*, de 3 mètres 57 centimètres (11 pieds) de long, et qui portent à leur tête un moufle de chaque côté. Ce moufle est retenu par des frettes de fer qui l'entourent. La frette du haut porte deux goujons de fer (*fig.* 4, *ee*) qui se trouvent sur le derrière de la cassette pour servir à l'arrêter.

Les poulies qui se placent dans les moufles doivent être de cuivre, se poser et s'enlever facilement des moufles où elles tournent sur des coussinets (*fig.* 4, *cc*).

Les cassettes se posent dans les grands trapillons, de manière que le derrière de l'âme soit à 6 millimètres (3 lignes) de la sablière (*d*, *fig.* 4).

Le nombre des âmes est proportionné à l'étendue, au poids des châssis qu'ils ont à porter. On ne peut guère les éloigner de plus de 1 mètre 94 centimètres à 2 mètres 59 centimètres (6 à 8 pieds) les uns des autres ; d'ailleurs, les formes des décorations qu'ils supportent en déterminent la situation et le nombre. Ils doivent être bien exactement alignés entre eux, et marcher parfaitement ensemble d'un mouvement uniforme ; car, s'il en était autrement, le bâtis s'élèverait de travers, et ne manquerait pas de se briser dans sa course.

L'emplacement d'une âme étant fixé, on

perce deux trous au-dessous de la sablière d, dans lesquels on entre les goujons ee qui sont sur la frette des cassettes, ce qui la fixe par en haut; et pour la faire porter, on *roidit* des tasseaux de chêne ff du dessus de la sablière gg au-dessous du renfort de la moufle ii. Elle est arrêtée par le bas, sous la première sablière, par un étrier de fer attaché avec des vis.

Après avoir posé les cassettes, on arrête dans le crochet de l'extrémité inférieure de l'âme kk, un cordage que l'on fait passer sur l'une des deux poulies des cassettes bb, selon le côté du cylindre autour duquel ce cordage doit s'enrouler.

Les cassettes placées, il faut fixer sur les âmes les parties de décors, et les disposer de manière qu'elles puissent monter et descendre.

A cet effet, on sort les âmes de leurs conduits, autant que l'exige la hauteur de l'objet qu'on doit faire descendre. On y applique la décoration, et on l'y fixe par en bas avec des boulons à écrou. Quand la ferme à faire mouvoir est appliquée sur les âmes, on la lève de 8 centimètres (3 pouces) parallèlement au théâtre; puis on perce les trous de boulons à travers l'âme et le châssis. On passe le boulon, dont la tête s'entaille de son épaisseur dans l'âme.

Lorsque la ferme est ainsi boulonnée par en bas, on porte chacun des cordages des âmes ll sur le tambour m, où on lui fait faire autant de tours qu'il en faut pour baisser ce que l'on veut faire mouvoir.

Quand tous les cordages sont sur le tambour, on fait faire à la retraite à la main n un tour sur le tambour des retraites o, et on l'y fixe dans un prisonnier. Le tambour étant en liberté, on file la retraite à la main, et on laisse baisser ce que l'on a boulonné, jusqu'à ce qu'il soit descendu à la hauteur convenable pour placer une seconde et quelquefois une troisième ligne de boulons, puis on achève de baisser la décoration environ 32 centimètres (1 pied) plus bas que le plancher du théâtre. A la hauteur où se trouve dans le dessous sa ligne inférieure, on pose, d'un poteau à l'autre, des barres nommées *arrêts* qui la reçoivent. Par ce moyen, elle se trouve réglée du haut et du bas.

Pour monter cette ferme et la faire arriver promptement à la vue des spectateurs, on monte le contre-poids p à une hauteur convenable. On fait passer tout le lâche que prend la retraite du tambour q sur celui des retraites m, jusqu'à ce qu'il n'y ait plus de lâche entre celles-ci et le contre-poids, et on l'y fixe. Puis on passe, en sens contraire, la retraite à la main n sur le tambour que l'on met en retraite. On fait charger le contre-poids sur la retraite du tambour q. Au moment où le mouvement doit s'effectuer, on lâche cette retraite à la main qui n'est qu'un modérateur, et tout arrive au point réglé.

Pour faire redescendre la ferme, il n'y a autre chose à faire que de changer de côté la retraite à la main. Elle était sur le tambour du même sens que les fils; il faut la placer maintenant à rebours, lui faire faire un tour, la mettre en retraite sur sa cheville, dénouer celle du contre-poids de dessus le tambour, puis lâcher celle à la main, jusqu'à ce que la ferme retombe sur les arrêts où elle portait avant de monter.

La méthode que nous venons d'expliquer, sert à faire monter toutes les parties de décoration qui doivent sortir du dessous, telles que des arbres isolés, des bosquets, des terrains, etc.

Équipement et manœuvre d'une gloire ou machine d'aplomb.

On appelle *gloire* une décoration composée d'un assemblage d'un ou de plusieurs plateaux horizontaux, portant des personnages qui doivent descendre des cieux ou y remonter.

Une gloire ordinaire est composée d'un plancher (**Pl. XII**) qui supporte l'acteur, d'un fond en peinture, soit sur châssis, soit sur rideau, d'une devanture qui masque le plancher, et souvent d'une ou plusieurs portions de nuages de chaque côté.

Le plancher d'une gloire a jusqu'à 11 mètres 69 centimètres (36 pieds) de long, sur 97 centimètres et 1 mètre 29 centimètres (3 et 4 pieds) de large, suivant la largeur des rues du théâtre. Il est construit de deux madriers *a* posés de champ, et assemblés d'un nombre suffisant d'entre-toises pour les tenir d'écartement. Ce plancher est suspendu par quatre cordes métalliques, composées de fils de laiton, qui s'attachent par un bout aux crochets de fer *b b* fixés aux extrémités des madriers (*fig.* 6), et de l'autre viennent s'arrêter au tambour des fils *c*, où elles se règlent à la *dégradation* qui convient au mouvement que ce plancher doit faire.

Pour qu'une gloire puisse descendre, il faut l'avoir montée une première fois. La hauteur à laquelle on veut l'élever, détermine le nombre de tours que le tambour doit faire pour la monter à son point. On passe sur la dégradation *c* du tambour la retraite à la main *d* à rebours des fils, mais on lui donne au moins un tour de plus pour assurer convenablement les *arrêts*, comme nous verrons ci-après. A l'aide d'un treuil, on fait monter, à la hauteur convenable, le contre-poids que l'on juge nécessaire pour l'enlever. La retraite au tambour *e*, dont un bout se trouve dans l'anse du contre-poids, se passe de l'autre bout sur le tambour, mais à rebours des fils. A mesure que le contre-poids monte, en obéissant aux mouvements du treuil, on met tout ce qu'il y a de cordage sur le tambour *c*, et on l'y arrête. Pour maîtriser la descente du contre-poids, dont la pesanteur serait abandonnée sur la retraite au tambour, on se sert d'un cordage modérateur appelé *retraite au contre-poids f,* qui, par un bout, s'attache dans l'anse du contre-poids, et par l'autre passe au rouleau du corridor *g*, où il est mis en retraite de la manière déjà indiquée. On abandonne ensuite le poids tant sur la retraite au tambour que sur celle à la main.

En lâchant ensuite la retraite au contre-poids f, le poids baisse, il tire la retraite au tambour e qu'il fait tourner, et la gloire monte. La retraite à la main d rend les tours qu'on lui avait donnés, et on les retire fortement au rouleau jusqu'à ce que la gloire soit arrivée. Alors on met cette retraite sur la cheville, et on l'y arrête.

La manœuvre que nous venons de décrire est ce qu'on appelle *mettre en état* une gloire.

Veut-on maintenant faire descendre la gloire, on monte le contre-poids avec un treuil; par ce mouvement, la retraite au tambour e se retire et se plie près du tambour à mesure que le contre-poids monte. La retraite du contre-poids se retire au rouleau, et on la met en retraite sur la cheville h, lorsque le contre-poids est arrivé à sa hauteur. En lâchant la retraite à la main d, la machine descend, et pendant sa descente un ouvrier, placé au tambour des retraites, *file* et emploie sur ce tambour la retraite du tambour e qui avait été retirée et ployée.

Les gloires sont ordinairement accompagnées de groupes de nuages. Comme ces groupes et les gloires sont toujours mis en mouvement par le même cylindre, leur action est soumise à la même puissance. On calcule cependant les hauteurs différentes de ces nuages, et, en raison de la course de chacun d'eux, leurs fils sont placés sur des diamètres différents et proportionnés du tambour dégradé.

Des machines de travers.

Ces machines, qui doivent traverser le théâtre, ne sont presque plus usitées sur nos théâtres, disposés comme ils le sont. On ne pourrait se hasarder à les employer sans laisser apercevoir les cordages, imperfection qu'on ne tolérerait plus aujourd'hui, comme nuisant trop à l'illusion des jeux scéniques. Nous décrivons ici néanmoins le mouvement de ces machines, pour donner les moyens nécessaires d'exécution.

Une machine de travers est, comme une gloire, composée d'un plancher qui porte un décor quelconque, nuages, groupes, char, etc., et se trouve suspendue ordinairement par deux fils.

Après avoir déterminé la ligne de la course que la machine doit suivre, on construit un chemin dont les supports (Pl. XIII, *a a*) s'attachent aux solives du grand plancher du cintre. Sur les conduits *b* on place le bâtis *c* nommé *char*, garni à chaque extrémité de deux poulies.

Les deux fils qui tiennent la machine suspendue ayant été mis par un bout sur le tambour *d*, comme pour une gloire qui doit se mouvoir d'aplomb, on fait passer les autres entre les deux moufles qui sont à chaque extrémité du char *e*, et ensuite à travers deux poulies qui sont dans un moufle posé aplomb de l'endroit où doit arriver le char. Lorsque les fils sont descendus assez bas, on y accroche le plancher *f* comme on le fait pour une gloire. Pour empêcher le mouvement de bascule, on attache à ce plancher un étrier de cordage *g g* dont on accroche les fils dans l'anneau *h*. (Voir aussi *fig.* 2.)

Le char ainsi équipé de ses fils est mené dans le chemin, à l'endroit d'où l'on veut que la machine parte; par exemple, du point *h*. Alors on passe une *retraite* dans le moufle *i*, arrêtée dans le crochet du char *k*, laquelle se met en retraite sur la cheville *l*. En lâchant cette retraite, la pesanteur de la machine mènera tout l'appareil en *m* par les lignes *n n*. Les retraites au tambour des fils, celles au contre-poids pour les fils aussi, sont, comme on l'a déjà dit, passées sur le tambour.

Le char dans le chemin ayant marché en descendant jusqu'en *m*, pour remonter du côté opposé, et pour arriver en *n*, obéira à la manœuvre suivante. On passe dans le moufle *o*, et sur le contre-poids *p*, le cordage *q* qui viendra s'arrêter dans le crochet *r* du char; on passe ensuite la retraite à la main *s* dans le moufle *o*, et on l'arrête sur la cheville *t*. La machine qui se trouve en *m* remontera par les lignes *u u* au point désigné.

MOYENS

D'IMITER SUR LE THÉATRE LES EFFETS DES MÉTÉORES, LES TEMPÊTES, LES INCENDIES, ETC.

Imitation du vent, du tonnerre et de la foudre.

On imite le bruit du vent à l'aide d'une règle de bois très mince, attachée à une corde, qu'un homme fait tourner avec rapidité.

Le bruit du tonnerre peut être imité par différentes méthodes : 1°. On introduit successivement plusieurs boulets dans un long canal en planches, dans lequel on a pratiqué plusieurs échelons, et que l'on a posé obliquement, pour que les boulets puissent le parcourir rapidement;

2°. On suspend horizontalement un grand châssis, sur lequel un ouvrier fait un roulement en frappant dessus;

3°. On fait rouler un chariot soutenu sur des roues à huit pans, et dans lequel on dispose des pierres entremêlées de feuilles de tôle;

4°. Les éclats de tonnerre s'imitent avec des feuilles de tôle et des douves de tonneau suspendues à une corde qui les traverse, et que l'on laisse tomber sur le plancher du cintre.

Pour imiter la lumière vive et instantanée de l'éclair, un ouvrier jette de l'*arcanson* sur un flambeau allumé. On imite l'effet de la foudre en faisant des fentes dans quelques parties de décorations disposées à cet effet; une planche mince couvre chaque fente par-derrière, et est mobile dans une coulisse; cette planche doit avoir une fente tout-à-fait semblable à celle de la décoration. Des lumières sont adaptées derrière la planche. Le tout étant disposé, et la scène étant obscurcie, il suffit de mouvoir rapidement la planche dans sa coulisse pour faire apparaître un sillon lumineux, qui se reproduira toutes les fois que les fentes coïncideront.

Aurore.

L'imitation satisfaisante de l'effet de l'aurore exige le concours de deux moyens : l'un est le changement progressif de couleur que doit éprouver le ciel; le second est un accroissement insensible et gradué de lumière.

Pour remplir le premier objet, il faut que la décoration du fond soit composée de deux parties séparées, dont l'une sera une longue toile, sur laquelle seront peintes les diverses nuances successives de couleur que l'on remarque dans le ciel lorsque l'aurore commence à paraître. Cette toile sera enveloppée en partie sur un cylindre qui, en se développant avec beaucoup de lenteur, présentera tour à tour toutes les nuances de couleur. La seconde partie sera un châssis dont le contour découpé se détachera sur la toile du fond que nous venons d'indiquer; ce châssis représentera un paysage ou d'autres objets quelconques.

Le second objet est rempli à l'aide de lampes à réverbère mobile. Ces lampes sont d'abord posées de manière que le réverbère cache entièrement la lumière du côté de la scène; puis on leur donne un petit mouvement lent et progressif, jusqu'au point où la lumière paraîtra avec son plus grand éclat.

Illuminations, flammes et incendies.

Les illuminations d'une ville, d'un palais, d'un jardin, d'une flotte, sont faciles à imiter par de petites ouvertures que l'on perce dans tous les endroits de la décoration où l'on suppose qu'une lumière devrait être placée : il suffit alors de diriger convenablement par-derrière, vers ces endroits, la lumière de plusieurs grandes lampes à réverbère convenablement disposées.

On se sert fréquemment au théâtre d'une espèce de torches qui, étant agitées, produisent de grandes flammes. Ces torches ne sont autre chose qu'un flambeau autour duquel est placé un récipient rempli de colophane pulvérisée, ou d'une autre poussière qui soit extrêmement inflammable. La partie supérieure du récipient étant criblée de petits trous, il en résulte que toutes les fois que l'on agite le flambeau, il sort une certaine quantité de cette poussière, laquelle produit l'effet désigné.

Pour imiter un incendie, on fait une partie de la décoration de manière qu'elle puisse facilement se décomposer en morceaux. Des ouvriers placés derrière les décorations produisent des flammes en agitant les torches que nous venons de décrire; d'autres ouvriers poussent par-derrière, avec des bâtons, les pièces mobiles, qui, en tombant, découvrent le foyer de l'incendie, représenté par une toile sans fin, tendue entre deux cylindres, que l'on fait tourner à l'aide d'une manivelle. La toile est demi-transparente, ses couleurs imitent celles de la flamme, elle est parsemée de clinquant et de traces dorées, et derrière on place des lampes à réverbère qui donnent une forte lumière. On a soin de tenir les autres parties de la scène dans l'obscurité. Un procédé à peu près semblable est employé lorsqu'on veut représenter un enfer.

Élysée et paradis.

Les décorations qui représentent un élysée, un paradis, sont ordinairement placées derrière un rideau de gaze; elles doivent être éclairées par une lumière douce, et qui présente une nuance de couleur insolite. Un des moyens les plus simples pour obtenir cet effet est d'employer des lampes à réverbère, dont la flamme soit entourée d'un verre coloré, dont la couleur sera choisie de manière à produire le reflet que l'on croira le plus convenable. De la même manière on peut aussi imiter l'effet d'un clair de lune.

Fontaine et courant d'eau.

Le mouvement d'une fontaine ou d'un courant d'eau est imité à l'aide d'une toile sans fin tendue entre deux rouleaux, dont un est muni de manivelles que des hommes font tourner. La toile doit être teinte d'une couleur bleu clair, et parsemée de clinquant et traces argentées.

Mouvement des vagues.

Le mouvement des vagues est ordinairement représenté par des *colonnes de mer*. On appelle ainsi des tambours fort longs, construits à peu près comme les blutoirs des boulangers. Ces tambours ont la forme d'une colonne torse, sont peints de manière à imiter les vagues, et parsemés de traces argentées. Ils sont soutenus horizontalement par des fermes, sur lesquelles reposent leurs tourillons munis de manivelles, que des hommes font tourner.

Lorsqu'on veut représenter la mer, on fait monter de dessous le théâtre un certain nombre de fermes chargées de colonnes de mer; lorsqu'elles sont à la hauteur convenable, des ouvriers font mouvoir les manivelles de ces colonnes de mer, qui, en tournant, font bien l'effet des vagues.

Dans les cas où des vaisseaux doivent paraître

et se mouvoir sur cette mer artificielle, on dispose d'autres fermes entre celles qui soutiennent les colonnes de mer; celles-là ont à leur partie supérieure un petit plancher ondoyé, sur lequel on fait glisser des châssis peints qui représentent des vaisseaux.

Veut-on représenter une tempête, durant laquelle la mer s'élève, s'agite violemment, change de couleur, puis se calme et reprend son premier état : on disposera sous le théâtre des colonnes de mer dont les sinuosités et les couleurs seront différentes. L'on fera d'abord monter les colonnes qui ont de petites sinuosités et des couleurs claires, et on fera tourner ces colonnes avec lenteur; puis on élevera celles qui ont des ondulations plus fortes et des couleurs plus brunes; on leur communiquera un mouvement plus vif; on redescendra ensuite celles-ci pour faire place aux premières.

L'apparition de Neptune, d'Amphitrite et des autres dieux marins, se fait en élevant de dessous le théâtre une ferme chargée d'une machine qui ordinairement représente un char en forme de coquille, auquel sont attelés des chevaux marins, et qui est environné de tritons, de naïades, etc.

Pour produire l'apparition d'un dauphin qui de temps à autre semble bondir au-dessus de la mer, et qui lance des jets d'eau, deux ouvriers cachés derrière les colonnes de mer sont destinés, l'un à élever et à mouvoir un châssis sur lequel est peinte la figure d'un dauphin; l'autre ouvrier est muni d'un carton rempli de talc pilé et de petits morceaux de feuilles d'argent; il place ce carton derrière la tête du dauphin, et il souffle dans un trou fait à la partie inférieure du carnet : alors une poussière brillante s'élève et imite le jet d'eau.

Les autres machines en usage dans les théâtres sont, en général, construites et manoeuvrées par des méthodes analogues à celles que nous avons exposées.

DE L'ÉCLAIRAGE

DES SALLES DE SPECTACLE.

Les jeux scéniques des Grecs et des Romains avaient lieu pendant le jour, et les immenses théâtres découverts qui leur étaient consacrés ne demandaient par conséquent aucun éclairage pendant la nuit. Les habitudes des peuples modernes, différentes sous ce rapport de celles des anciens, en renvoyant les spectacles à la nuit et dans des salles couvertes, pour qu'on pût jouir de ces sortes de divertissements avec le plus de commodité possible dans toutes les saisons, ont nécessité l'emploi d'une lumière artificielle, qu'on n'a dû obtenir, dans les premiers temps, qu'avec beaucoup de difficulté. Car, abstraction faite de l'imperfection des matières combustibles elles-mêmes, on a dû trouver un très grand obstacle, à notre avis, dans les grandes dimensions des premières salles de spectacle. Le théâtre de Vicence, bâti en 1580, par Palladio, celui de Parme, bâti en 1600, ainsi que ceux de Naples, Turin, Milan, etc., qui se distinguent par leurs vastes dimensions, durent dans l'origine, sous le rapport de l'éclairage, être bien inférieurs à nos salles de spectacle d'aujourd'hui ; rarement l'éclairage d'alors dut suffire pour les représentations, et produire un effet agréable.

Deux conditions sont à remplir pour éclairer une salle de spectacle :

1°. Éclairer le théâtre, les décorations et l'acteur ;

2°. Éclairer la salle et le spectateur.

L'éclairage du théâtre et des décorations se fait par le moyen de lampes attachées aux feuilles de décoration, de façon que celle de devant éclaire celle qui est immédiatement derrière elle, et ainsi de suite jusqu'au fond du théâtre. En adaptant à ces lampes des reverbères mobiles bien conditionnés, de manière qu'on puisse diriger les reflets de la lumière vers les parties qu'on juge à propos d'éclairer, on fait une économie considérable de combustibles, et on profite d'une portion de lumière qui se porterait inutilement là où on n'en aurait pas besoin.

La toile de fond est rarement, dans nos salles de spectacle, suffisamment éclairée, principalement dans son milieu, qui est trop éloigné des lumières attachées aux feuilles de décoration latérales. Cette partie du théâtre, qui est toujours vue de face, et qui représente des perspectives et des lointains, est une des plus importantes relativement à l'illusion qu'elle doit produire sur les spectateurs. Il est donc nécessaire qu'on puisse l'éclairer plus ou moins à volonté pour rendre avec vérité les divers instants du jour, l'ardeur du soleil, la lumière sombre d'un orage ou d'une tempête, un lever ou un coucher du soleil, une nuit, un clair de lune, etc., etc.

Pour remplir ces différents objets, Lavoisier (1) proposa de se servir de reverbères paraboliques, ou même simplement sphériques, placés au-dessus de l'avant-scène en dedans du théâtre, dans la partie qu'on appelle le cintre. Ces reverbères seraient mobiles, afin de diriger la lumière dans les parties qu'on jugerait à propos d'éclairer le plus : des gazes plus ou

---

(1) *Mémoire sur l'Éclairage des salles de spectacle*, inséré dans l'*Histoire de l'Académie des Belles-Lettres*, pour l'année 1784.

moins épaisses qu'on pourrait légèrement colorer, des toiles claires qu'on baisserait par-devant pour intercepter plus ou moins la lumière, formeraient le degré de nuit ou d'obscurité qu'on jugerait à propos, et donneraient à la lumière toutes les teintes que les circonstances pourraient exiger.

S'il est important d'éclairer convenablement le théâtre et les décorations, et de porter partout la quantité de lumière nécessaire pour faire naître et pour entretenir l'illusion, il est bien plus important encore d'éclairer l'acteur; c'est lui qui anime la scène, c'est par lui que le sentiment passe dans l'âme du spectateur : le moindre mouvement, la moindre altération dans ses traits, tout doit être senti, rien ne doit échapper, et personne n'ignore que ce sont ces détails qui constituent la perfection du jeu, que c'est d'eux que résulte l'intérêt de la scène, et souvent le succès des pièces.

L'acteur n'ayant pas besoin de voir les spectateurs, mais seulement d'en être vu, il n'y a aucun inconvénient de l'éclairer de face, et quand la vivacité de la lumière lui ferait paraître obscur le reste de la salle, il n'en résulterait aucun inconvénient : il est sensible, d'ailleurs, que l'acteur doit être éclairé à peu près dans le même sens dans lequel il est vu ; de là la nécessité de placer le corps éclairant entre lui et le spectateur.

Mais il s'agit de savoir maintenant de quelle manière on éclairera l'acteur le plus avantageusement. Sera-ce par le bas, par le haut ou par les côtés?

L'usage adopté à cet égard consiste à placer un cordon de lampes très bas au bord de l'avant-scène, appelé *rampe*. Mais la lumière de la rampe est préjudiciable aux charmes de la représentation, et aussi fatiguante pour les acteurs que pour les spectateurs qui sont dans les loges, et surtout pour ceux des balcons. Elle remplit la salle de fumée, et occasionne une espèce de brouillard intermédiaire entre l'acteur et le spectateur. Rien n'est d'ailleurs si faux que ce jour qui frappe les corps de bas en haut; il défigure l'acteur; il fait grimacer tous ses traits; et, en renversant l'ordre des ombres et des clairs, il démonte, pour ainsi dire, toute la physionomie, et la prive de son jeu et de son expression. La lumière ou le rayon du jour frappe tous les corps de haut en bas : tel est l'ordre naturel des choses, et pour obtenir le même effet, on a conseillé de se servir d'une espèce de soleil artificiel.

Noverre (1) proposa à ce sujet de faire les colonnes de l'avant-scène creuses vers la partie du théâtre, de ménager, dans le vide qu'offrira le demi-cercle, des foyers de lumière qui seront réfléchis par un corps lisse et poli, de donner à ce corps la forme cycloïdale, qui est celle dont il peut résulter le plus d'avantage, et d'éclairer ensuite les ailes par des masses inégales, de la distribution desquelles le peintre-décorateur serait chargé.

Patte (2) propose de placer des deux côtés de la salle, près de l'avant-scène, aux bouts des ceintures des divers étages de loges, des reverbères, qui de là pourraient avantageusement briller, et embrasser de leur lumière la totalité de la largeur et de la hauteur du *proscenium*. « Par ce moyen, dit-il, les objets scéniques, au lieu de se trouver éclairés ridiculement de bas en haut, le seraient de haut en bas comme par le soleil, ce qui paraîtrait plus naturel. »

---

(1) *Lettres sur les Arts imitateurs.*
(2) *Essai sur l'Architecture théâtrale.*

Lavoisier, tout en convenant des inconvénients qu'offre la lumière de la rampe, s'est pourtant déclaré pour ce mode d'éclairage. « Je doute, malgré ces inconvénients, dit-il, qu'il soit possible de suppléer par aucun moyen aux lampes de la rampe. Des lumières latérales n'éclaireraient ni assez fortement ni assez également, et elles seraient d'ailleurs absolument incompatibles avec la construction actuelle de nos salles de spectacle. Quant aux lumières placées dans le haut de l'avant-scène, c'est-à-dire perpendiculairement sur la tête des acteurs, elles produiraient le plus désagréable de tous les effets, celui de projeter l'ombre du nez sur le bas du visage, d'ombrer trop fortement toute la cavité de l'orbite de l'œil, de faire ressortir d'une manière choquante les moindres rides, les moindres inégalités de la peau; enfin les acteurs se feraient ombres à eux-mêmes toutes les fois qu'ils se pencheraient en avant, et l'acteur échapperait, pour ainsi dire, aux spectateurs dans les instants les plus tragiques. »

L'éclairage de la salle se faisait, au commencement du siècle dernier, d'une manière aussi désavantageuse que désagréable. Un assez grand nombre de lustres tombaient du haut du plafond, éclairant, les uns l'avant-scène, les autres la salle ; à chaque instant il fallait déranger les spectateurs pour moucher les chandelles dont ces lustres étaient garnis. Ils offusquaient d'ailleurs la vue d'une partie des spectateurs, principalement de ceux des secondes loges ; aussi les plaintes du public obligèrent-elles d'en supprimer successivement le plus grand nombre : on suppléa à ceux de l'avant-scène en multipliant les lampions de la rampe, on substitua la cire au suif et à l'huile ; les lustres qui pendaient sur le parterre furent réunis en un seul qu'on plaça dans le milieu, et la forme en fut rendue plus légère.

Mais, quelque avantageuses que fussent ces réformes successives, elles entraînaient deux grands inconvénients : d'abord il régnait dans toutes les parties de la salle qui n'étaient point éclairées par la rampe, notamment à l'orchestre, au parterre et même dans une partie des loges, une obscurité telle, qu'il était difficile de reconnaître les personnes qui s'y trouvaient placées, et qu'on ne pouvait y lire qu'avec peine. Ensuite, tandis qu'une partie des spectateurs étaient ainsi ensevelis dans l'ombre, la rampe éclairait d'une manière trop vive la partie de la salle voisine du théâtre, et l'espèce d'éblouissement qui en résultait empêchait qu'on pût distinguer les objets placés sur le théâtre.

Cette considération n'avait point échappé au célèbre Servandoni, qui a porté l'art des décorations à un si haut degré de perfection; il avait senti qu'on pouvait augmenter l'effet des décorations, l'illusion théâtrale, de deux manières : ou en portant plus de lumière sur le théâtre, ou en en portant moins dans la salle. Il eut recours à ces deux moyens dans les représentations qu'il donna dans la grande salle des Tuileries : à l'aide d'un simple mécanisme, il faisait descendre les lustres, qui étaient suspendus dans la salle, avant le lever du rideau et dans les entr'actes, et les faisait remonter sous le plafond toutes les fois que le rideau se levait. La salle alors n'était plus éclairée par aucune lumière directe.

Lavoisier, observant que tout corps éclairant ne pouvait être placé dans la salle qu'entre le spectacle et quelques uns des spectateurs, et qu'il était impossible que ces derniers n'en souffrissent plus ou moins, conseilla de bannir de la partie de la salle qui est occupée par les spectateurs tout lustre, tout corps éclairant, et d'y substituer des reverbères elliptiques, perdus dans l'épaisseur des plafonds.

Pour se former une idée de cette manière d'éclairer, soit supposé un sphéroïde elliptique placé en dehors de la salle, de manière que le plafond coupe perpendiculairement son grand axe par un plan qui passerait par son foyer inférieur; il est démontré, par une propriété connue de l'ellipse, que si on place une lumière au foyer de ce sphéroïde, tous les rayons réfléchis par la surface de la courbe iront se croiser à son foyer inférieur, et qu'ils en partiront comme d'un centre pour se répandre de toutes parts, et former une demi-sphère lumineuse au-dessous du plafond. Ainsi l'on voit qu'il est possible de placer le corps éclairant à une élévation d'un ou même de plusieurs pieds en dehors et au-dessus de la salle à une très petite distance du dessous du plafond. Bien plus, il serait aisé de démontrer que la lumière ainsi réfléchie par un sphéroïde elliptique sera répartie d'une manière beaucoup plus avantageuse que ne le serait la lumière directe; qu'avec cette manière d'éclairer, les premières loges recevront plus de lumière que les secondes, les secondes plus que les troisièmes, tandis qu'en employant une lumière directe, placée dans le haut de la salle, les troisièmes loges sont beaucoup trop éclairées et les premières beaucoup trop peu.

Lavoisier a fait un essai en grand de ce mode d'éclairage dans le grand salon des tableaux au Louvre, où l'on avait construit un simulacre de salle de spectacle de 39 pieds de hauteur. Trois ouvertures furent percées dans le plafond pour y placer trois reverbères elliptiques, et l'expérience fut faite en présence de la plupart des membres de l'Académie des Sciences. Voici le résultat :

La lumière était plus forte dans le bas et à la hauteur des premières loges que dans la partie destinée à former les troisièmes; en outre, il se réfléchissait horizontalement une portion de rayons qui rasaient le plafond et portaient de la lumière jusque dans la partie la plus élevée de la salle; et quoiqu'il n'y eût que trois lampes, les parties les moins éclairées l'étaient encore assez pour qu'on pût lire partout des caractères très fins.

Lavoisier observa encore dans ce mode d'éclairage : 1°. que le plafond était absolument dans l'obscurité, et que cette circonstance donnerait à la salle un ton lugubre, s'il n'y était pourvu ; que, pour remédier à cet inconvénient, il serait nécessaire d'éclairer le plafond avec des lampes à reverbères, dont la lumière, uniquement destinée à cet objet, serait dirigée vers le haut ; qu'on pourrait ou les suspendre, ou les placer au-dessus des corniches, suivant les circonstances et suivant la construction de la salle ;

2°. Qu'au lieu de concentrer la lumière dans un petit nombre de reverbères elliptiques, il serait indispensable d'en multiplier le nombre, et de les porter au moins à neuf, même pour les salles qui n'auraient pas une grande étendue.

Patte propose, pour éclairer la salle, de suspendre un grand reverbère au milieu du plafond, au-dessous du trou du ventilateur. Ce reverbère devait consister en un large couvercle bien étamé en argent, d'environ 3 pieds de diamètre, terminé en dessous par un bocal de verre de forme conique, au dessous duquel eût été suspendue une lampe avec plusieurs grosses mèches, dont la lumière, frappant sur la surface polie et brillante du couvercle, eût éclairé, par réflexion, toute la salle, en y répandant une clarté douce et suave.

Boullet conseilla de conserver le lustre, et de le couvrir, pendant la représentation, au moyen d'une cloche de gaze bleu-clair, que l'on remonterait pendant les entr'actes. Cette gaze devait couler sur des fils de laiton, et le lustre ainsi disposé devait donner un jour doux et égal dans toutes les parties de la salle, et ne nuire en rien aux effets du théâtre.

En 1783, l'éclairage des salles de spectacle reçut un grand perfectionnement de l'emploi des lampes à double courant d'air, inventées par *Argant, Meunier* et *Quinquet.* Cette précieuse invention, que tout le monde connaît, consiste à former des porte-mèches circulaires, fort minces, qui laissent un canal intérieur, au moyen duquel l'air peut passer à travers la flamme; un tube de verre entoure la flamme et la surmonte. Ce tube, inventé par Quinquet, se rétrécit, c'est-à-dire qu'il a un moindre diamètre à 1 pouce d'élévation qu'à sa base: l'effet est d'accélérer le courant d'air qui traverse la flamme, à peu près comme il arrive aux tuyaux qu'on adapte aux fourneaux chimiques.

Une crémaillère est adaptée au porte-mèche,

et un pignon, qui engrène avec sa denture, sert à élever plus ou moins la mèche pour rendre la lumière plus ou moins forte.

Cette lampe exige un récipient supérieur qui intercepte une portion des rayons lumineux. Plusieurs artistes ingénieux ont imaginé successivement divers moyens plus ou moins compliqués pour placer le récipient dans le piédestal de la lampe, et remplacer sans cesse l'huile que la flamme consomme par une nouvelle quantité, qu'un mécanisme, disposé à cet effet, puise dans le récipient inférieur, et élève à la hauteur de la mèche. Ce mécanisme, dans la lampe de M. Gérard, est une fontaine de Heron, et dans la lampe de Carcel, ce sont de petites pompes mues par un rouage qui a un barillet pour moteur.

Depuis, on a essayé de nouveau de supprimer le lustre en se servant, pour éclairer la salle, de becs à mèches multiples. Ces becs, que MM. Fresnel et Arago ont fait exécuter en 1822, pour être appliqués à l'éclairage des phares, ont pour objet de produire une grande quantité de lumière dans un très petit espace, et sont formés de plusieurs becs d'Argant concentriques.

Ces becs multiples avaient été annoncés depuis long-temps par M. de Rumfort; mais l'exécution présentait plusieurs difficultés, que MM. Fresnel et Arago sont parvenus à vaincre par les moyens que nous allons indiquer.

Il fallait d'abord modérer la flamme; cet objet a été parfaitement rempli en appliquant à ces becs l'idée heureuse de Carcel, qui consiste à verser continuellement sur la mèche une quantité d'huile plus grande que celle qu'elle peut consommer; alors l'huile, sans cesse renouvelée, ne peut plus entrer en ébullition dans le bec, et la flamme s'éloigne de ses bords continuellement recouverts et rafraîchis par l'huile surabondante qui s'écoule. Dans les lampes de Carcel, comme nous l'avons déjà dit, c'est un mouvement d'horlogerie qui monte l'huile; dans l'appareil de MM. Fresnel et Arago, c'est un réservoir supérieur qui reçoit l'air par un tuyau glissant dans une boîte à cuir qu'on peut hausser ou baisser à volonté, et qui sert à régler le niveau d'écoulement. La cheminée est pourvue d'une rallonge en tôle, qui se meut à l'aide d'une crémaillère pour régler le tirage d'air.

Chacune des mèches concentriques s'élève

ou s'abaisse séparément à l'aide d'une crémaillère. La tige du porte-mèche est placée dans le bec lui-même; par ce moyen on a supprimé les petits tuyaux qu'on adapte ordinairement aux becs pour contenir la tige du porte-mèche. Cette suppression était importante, parce que, dans les becs à mèches concentriques, la température étant toujours élevée, l'huile renfermée dans ces petits tuyaux se réduisait en vapeur qui échappait en grande partie à la combustion, et parce qu'ils obstruaient le passage de l'air : ces deux causes réunies produisaient dans la direction des tuyaux un jet de flamme plus élevée que celle qui correspondait aux autres parties du bec.

Un bec à deux mèches concentriques produit l'effet de cinq lampes de Carcel, et ne fait guère que la dépense de quatre et demie. Les becs à trois et quatre mèches, qui donnent autant de lumière que dix et vingt lampes de Carcel, ne présentent cependant pas la même économie dans le combustible.

L'essai que nous venons de mentionner plus haut a été fait en 1825 par Locatelli au théâtre de Feniec, à Venise. L'appareil était composé de plusieurs becs placés au-dessus du plafond de la salle, et qui, à l'aide de miroirs paraboliques, rayonnait sur une ouverture circulaire pratiquée au plafond, et occupée par un appareil lenticulaire divergent, qui dispersait la lumière sur tous les points de la salle. Cette disposition produisit un assez bel effet.

Éclairage au gaz.

Le progrès des connaissances humaines s'opère ordinairement par des inventions qui ont pour but de produire non seulement ce qui est nécessaire, mais aussi ce qui est utile et commode, et sous ce rapport on peut marquer le degré 'e civilisation d'une nation d'après les produits progressifs de son activité. L'expérience de tous les pays et de toutes les époques vient à l'appui de cette vérité incontestable. Les différens peuples de la terre, les différentes provinces du même empire, les villes, même les villages de la même province diffèrent par leur manière de vivre et de satisfaire à leurs besoins, et ceux-là sont les plus avancés qui montrent un génie plus actif pour les travaux utiles.

Qui eût prévu, parmi nos ancêtres, cette invention extraordinaire de l'imprimerie, qui met un seul homme en état de remplir la tâche de vingt mille copistes? Quel philosophe eût admis comme possible le voyage autour du monde, l'effet prodigieux de la poudre à canon, et l'usage des machines à vapeur? Quel homme eût jadis osé descendre dans les profondeurs de l'Océan, s'élever dans les airs, ou braver le tonnerre du ciel?

A toutes ces inventions, qui ont changé la face du monde et porté les forces intellectuelles de l'esprit humain à un si haut degré de perfection, il faut ajouter l'application du gaz hydrogène à l'éclairage.

Il est vrai que dans les différents modes d'éclairage la flamme est uniquement due à la combustion des gaz; mais on désigne particulièrement, sous le nom d'éclairage au gaz, celui qui est produit par des gaz préparés d'avance.

La première idée de l'éclairage au gaz est due à un ingénieur français, nommé *Lebon*. Il obtint le gaz combustible en distillant du bois dans des vases clos. Son appareil, qu'il désignait sous le nom de *thermo-lampe*, fournissait en même temps du gaz pour l'éclairage, du charbon de bois et de la chaleur nécessaire au chauffage des étuves des appartements, etc. Mais, comme le gaz qu'il obtenait n'était pas assez chargé de charbon, il donnait peu de lumière, et le thermo-lampe n'eut point de succès.

Lebon avait indiqué la houille comme devant fournir un meilleur gaz que le bois; mais ce fut en Angleterre qu'on fit les premiers essais de l'éclairage en grand, au moyen du gaz extrait de la houille.

Aujourd'hui on emploie dans l'éclairage les gaz que l'on extrait de la distillation de la houille et de différentes matières grasses. Ces gaz sont en général formés d'hydrogène plus ou moins carboné, d'oxide de carbone, et quelquefois de plusieurs autres gaz, dont les uns sont combustibles et les autres tout-à-fait impropres à la combustion. Les deux premiers sont les seuls qui contribuent réellement à l'éclairage; les autres sont presque toujours nuisibles, et il est souvent important de s'en débarrasser avant de livrer le mélange à la combustion. Le gaz hydrogène carboné est celui qui contribue le plus à donner de l'éclat à la lumière, et plus il est carboné, plus la lumière est vive.

Pour obtenir le gaz propre à l'éclairage, on place, pour y être distillée, de la houille dans de grandes cornues ou cylindres en fonte, aux extrémités desquels sont adaptés des tuyaux qui aboutissent dans de grands vases destinés à l'épuration et à la conservation du gaz.

Le gaz préparé, soit au moyen de la houille, soit avec les matières grasses, est conduit au lieu de sa combustion par deux procédés différents. Le premier, qui est le plus ancien et le plus généralement répandu, consiste à conduire le gaz par des canaux de fonte qui passent dans les rues à plusieurs pieds au-dessous du pavé, et auxquels sont adaptés, devant chaque lieu de consommation, des tuyaux plus petits qui conduisent la gaz dans les becs où il doit être livré à la combustion. L'autre, qui n'existe que depuis peu, consiste à accumuler une grande partie de gaz dans des réservoirs en cuivre ou en tôle de plusieurs pieds cubes de capacité, et qui sont ensuite transportés dans les lieux de la consommation.

Les becs où le gaz est brûlé peuvent être simplement des trous très capillaires, percés à l'extrémité du dernier tuyau de conduite, et c'est peut-être la meilleure manière de brûler le gaz; mais on leur donne ordinairement la forme des becs d'Argant. L'extrémité du tuyau de conduite se divise en deux branches qui se bifurquent et supportent un anneau horizontal creux, dont la partie supérieure est percée de plusieurs petits trous disposés circulairement, par lesquels le gaz s'échappe. On l'enflamme à sa sortie en lui présentant un corps incandescent, et les petites flammes rangées circulairement forment une flamme unique, semblable à celle des lampes à mèches circulaires. L'anneau du bec est garni à sa circonférence d'une galerie d'un plus grand diamètre, sur laquelle repose une cheminée de verre, et la flamme est alimentée, comme dans les becs d'Argant, par un double courant d'air. Mais la cheminée de verre qui environne la flamme, et qui est souvent dépolie, a plutôt pour objet de diminuer l'éclat de la lumière, et de la soustraire à l'influence des courants d'air, que d'activer le courant d'air. Ainsi la flamme n'est pas la même que celle des lampes à l'huile; elle est beaucoup plus large et beaucoup moins haute.

L'application du mode d'éclairage que nous venons de décrire à l'éclairage des salles de spectacle a fait disparaître nombre d'inconvénients que nous avons signalés plus haut. Tout le monde sait combien le matériel de l'éclairage à l'huile exige de soins et de préparatifs; la propreté à entretenir, l'huile à verser, les mèches à poser, chaque bec à ajuster, tout cela demande beaucoup de temps et beaucoup de bras. Avec l'éclairage au gaz, tout est fixé en un moment, il n'y a qu'un bouton à tourner, une bougie à approcher, et tout aussitôt jaillit une flamme pure, nette, vive et brillante, dont on peut augmenter ou modérer à volonté la puissance. De plus, la flamme produite par le gaz est presque entièrement dépourvue d'odeur, quoique le gaz lui-même possède, avant la combustion, une odeur assez désagréable. Un autre avantage de la flamme du gaz est qu'elle peut être employée dans toutes les directions. Comme rien ne se perd dans ce mode d'éclairage, et que le gaz s'échappe des tuyaux de conduite avec une certaine force toujours uniforme, la flamme brûle aussi bien dans une direction horizontale que dans une direction verticale, et deux objections importantes, auxquelles ne pouvaient répondre les autres modes d'éclairage artificiel, disparaissent ici d'elles-mêmes. C'était, 1°. que la partie de la flamme qui éclaire le moins était tournée vers le bas où l'éclairage est nécessaire, et 2°. que le support ou soutien de la flamme portait de l'ombre.

La grandeur, la forme et l'intensité de la flamme pouvant être réglées par le moyen des robinets adaptés aux tuyaux de conduite, on peut faire régner, dans la salle, ou sur le théâtre, ou bien dans les deux endroits simultanément, la clarté la plus éblouissante, ou l'obscurité la plus complète. Les différentes nuances de la clarté du jour, les différents effets de la nuit, et des météores ignés et enflammés, sont produits maintenant avec beaucoup de facilité et d'illusion.

Ce fut à l'Odéon qu'on appliqua pour la première fois, en 1822, l'éclairage au gaz; aujourd'hui tous les théâtres de Paris sont éclairés de cette manière.

Le gaz que nous employons aujourd'hui a cependant un assez grave inconvénient : il contient toujours une certaine quantité d'hydrogène sulfuré qui attaque les métaux et les noircit; il flétrit toutes les peintures, et peut, dans le cours d'une année, gâter et détruire toutes les décorations et les ornements les plus coûteux.

On devrait donc, dans les salles de spectacle, n'employer que le nouveau gaz qu'on commence depuis peu à mettre en usage, et qu'on désigne sous le titre de *gaz portatif non comprimé*.

Il est extrait de l'huile, et n'offre par conséquent aucune partie d'hydrogène sulfuré; sous ce point de vue, il a un grand avantage sur le gaz qu'on extrait du charbon de terre. Beaucoup d'établissements industriels l'ont déjà adopté.

COMBLES DE THÉATRES.

COMBLES EN BOIS.

THÉATRE D'ARGENTINE, A ROME.
(Pl. XV, fig. 1.)

Cette ferme, qui porte environ 24 mètres 36 centimètres (75 pieds) de longueur dans œuvre, est composée de deux arbalétriers formant des pentes inclinées de 24 degrés, et assemblés par le haut dans un petit poinçon sans contre-fiches. Ils portent par le bas sur un grand entrait, avec lequel ils sont reliés par des liens de fer. Cet entrait est en trois pièces sur la longueur, assemblées à trait de Jupiter.

Chacun des arbalétriers est chargé de douze rangs de pannes qui portent de forts chevrons; ils ne sont espacés que de 24 à 27 centimètres (9 à 10 pouces), et soutiennent une couverture fort lourde, en tuiles. Chacun de ces arbalétriers est en deux pièces, assemblées aussi à trait de Jupiter.

Cette ferme est fortifiée à l'intérieur par une armature composée par un second entrait, et de deux contre-fiches ou faux-arbalétriers assemblés avec deux faux-poinçons. Ces trois poinçons servent surtout à soulager la partie des entraits par le moyen d'étriers de fer. Cette disposition produit une ferme très solide et capable de soutenir, eu égard à la force des bois, indépendamment de la couverture, l'effort des machines de théâtre, et le poids des ciels et des plafonds qui y sont suspendus.

Ces fermes sont à 3 mètres 73 centimètres (11 pieds et demi), de milieu en milieu, au-dessus de la salle, et à 3 mètres 89 centimètres (12 pieds) au-dessus du théâtre.

THÉATRE DES VARIÉTÉS, A BORDEAUX.

(Pl. XV, fig. 2.)

Cette ferme du grand théâtre de Bordeaux forme une espèce de toit brisé à la mansarde. Il est évident que le pli de ce comble devrait être retenu par un entrait, et que l'entrait a, qui est posé plus bas, ne produit pas le même effet, malgré les armatures formées par les moises b, c, d.

THÉATRE DE SAINT-CHARLES, A NAPLES.

(Pl. XV, fig. 3.)

Cette ferme est du comble qui couvrait le théâtre avant l'incendie, en 1815. Il est à remarquer qu'il ne se trouve point ici de pannes; ce qui allégit considérablement cette immense couverture : les chevrons les remplacent; ils sont placés horizontalement, et, contre l'usage ordinaire, ils reposent immédiatement sur les arbalétriers.

Cette charpente était construite en bois de sapin, ronds et en grume, à peine dégrossis au droit des assemblages. Ceux-ci étaient tous renforcés par des armatures en fer qui entouraient les pièces sans encastrement, sans être attachées avec des boulons, et comme si on les eût liées avec des cordes.

THÉATRE DE L'ODÉON, A PARIS,

AVANT LA SECONDE RESTAURATION.

(Pl. XVI, fig. 1.)

Cette ferme est faite à l'imitation de celle du théâtre d'Argentine, à Rome. La longueur dans œuvre est de 23 mètres 71 centimètres (73 pieds); la pente formée par les arbalétriers est de 34 degrés, ce qui fait que les étriers qui soutiennent les entraits sont beaucoup plus longs. Cette ferme est moins forte que celle du théâtre d'Argentine, mais elle soutient une couverture moins pesante, et elle est en bois de chêne, tandis que celle d'Argentine est en sapin.

a, première galerie ou corridor de service du cintre; *b*, poutrelle de rive de la galerie; *c*, solives; *d*, étriers de suspension des poutrelles de rive des galeries; *e*, jumelle de l'échelle fixe placée derrière le montant précédent; *f*, couchis à claire-voie des galeries de service; *g*, lisse-appui contre laquelle sont attachées les chevilles de retraite; *h*, chevilles de retraite; *i*, à-bouts ou tourillons de l'un des rouleaux modérateurs; *k*, ponts dormants; *l*, tirants de bois, armés de fer, qui supportent ces ponts; *m*, leur lisse d'appui; *n*, seconde galerie de service; *o*, portions de couchis à claire-voie posées seulement sur ses bords; *p*, lanternes du cintre et leurs tambours de retraite; *q*, grand entrait de la ferme; *r*, solives jumelles moisant le haut des tirants qui supportent les galeries de service ; *s*, solives jumelles laissant entre elles l'intervalle nommé le *pouce ; t,* couchis à claire-voie du plancher du gril ; *u,* lanterne du rideau de l'avant-scène ; *v,* treuils servant à remonter les contre-poids ; *w,* plancher du second gril ; *x,* lanterne servant à élever les équipages, les châssis et les plafonds pour les bals.

ANCIEN OPÉRA DE PARIS,

RUE SAINT-HONORÉ (INCENDIÉ).

(Pl. XVI, fig. 2.)

a, galerie de service pour la manœuvre des machines ; *b,* poutrelle de rive des galeries ; *c,* étriers de suspension des poutrelles de rive des galeries ; *d,* chevilles de retraite ; *e,* rouleaux modérateurs ; *f,* galeries de service pour la manœuvre des treuils ; *g,* treuils pour remonter les contre-poids ; *h,* moufles pour le passage des cordages de contre-poids ; *i,* premier gril ; *k,* tambour dégradé ; *l,* second gril.

THÉATRE DU PANORAMA-DRAMATIQUE.

A PARIS (DÉMOLI).

(Pl. XVII, fig. 1.)

Cette ferme a été exécutée par M. *Davia* pour le comble du théâtre du Panorama-Dramatique, construit en 1821, sur le boulevard du Temple, à Paris.

a, gril; *b*, petites galeries de service.

THÉATRE DE DRURY-LANE,

A LONDRES, EN 1813.

(Pl. XVII, fig. 2.)

L'action des arbalétriers est ici reportée vers le milieu de l'entrait par des liens ou esseliers placés de revers, et en sens contraire de la direction qu'on leur donne habituellement. Les à-bouts inférieurs de ces esseliers se contrebutent mutuellement par l'intermédiaire d'une pièce courbe placée entre les à-bouts inférieurs des deux poinçons.

Il eût été plus simple et plus sûr de soutenir l'entrait sur le milieu de sa longueur par un étrier central; mais il paraît que le choix du système d'assemblage qu'on a suivi a été déterminé par la nécessité où l'on s'est trouvé d'employer d'anciennes poutres d'une longueur déterminée ab, qu'on a voulu mettre à profit, et peut-être aussi pour réserver un espace libre sur le milieu du gril cd, qui n'aurait pas eu assez d'étendue pour un théâtre de premier ordre.

THÉATRE DE BESANÇON, EN 1778.

(Pl. XVII, fig. 3.)

Ce théâtre a été construit sur les dessins de Ledoux.

A, ferme dans la partie du comble qui est située au-dessus de la salle.

a, ajustement de la voussure du plafond; b, voussure de l'avant-scène; c, corridor et attique des loges d'en-haut; d, plancher de l'atelier des peintres, situé au-dessus du plafond de la salle.

B, ferme dans la partie du comble qui est au-dessus du théâtre.

e, grand entrait supportant le plancher du gril; f, g, h, lanternes et tambours servant à manœuvrer les lustres, lorsqu'on transforme le théâtre en salle de bal.

THÉATRE DU GYMNASE-DRAMATIQUE,

A PARIS.

(Pl. XVIII, fig. 1.)

A, ferme au-dessus de la salle.
B, ferme au-dessus du théâtre.

a, première galerie de service; *b*, seconde galerie de service; *c*, premier gril; *d*, second gril.

ANCIEN OPÉRA DE PARIS,

RUE DE RICHELIEU (DÉMOLI EN 1820).

(Pl. XVIII, fig. 2.)

a, grandes contre-fiches moisées et surmoisées en travers des charpentes. Ces contre-fiches supportent les tourillons des lanternes et des treuils du cintre, ce qui dispense de placer des chevalets ou d'autres pièces en écharpes pour ce service; *b*, premières galeries; *c*, secondes galeries; *d*, ponts dormants; *e*, premier gril; *f*, second gril.

On avait malheureusement négligé de placer les fermes à l'aplomb de l'emplacement des plans des châssis de décoration, en sorte que toutes les machines étaient étrangement déviées de la situation qu'elles devaient avoir. Il est difficile de concevoir comment on avait pu commettre une faute aussi grossière dans la construction d'un édifice de cette importance.

OPÉRA PROVISOIRE DE PARIS,
RUE LEPELLETIER.
(Pl. XVIII, fig. 3.)

Ces fermes sont au-dessus du théâtre, au nombre de neuf. Cinq entraits sont formés chacun de trois pièces de bois de chêne assemblées bout à bout, en traits de Jupiter; et chacun des quatre autres se compose d'une seule pièce de bois de sapin; les autres pièces sont en chêne.

Il est à regretter que le plancher du gril a, que supportent les entraits, ne s'étende pas au-dessus des galeries de service b, c, d, e. En effet, cette disposition entrave le jeu et les manœuvres de toutes les machines du cintre, et elle oblige de détourner l'action immédiate par des renvois en f, g, h, dont les frottements compliqués, hors de vue, souvent infidèles, peuvent occasionner, en un grand nombre de circonstances imprévues, des retards, des ruptures, et même des accidents très graves.

COMBLES EN FER.

THÉATRE FRANÇAIS, A PARIS.
(Pl. XIX, fig. 1.)

L'emploi du fer dans les constructions a pris de nos jours une extension considérable; nous voyons maintenant ce métal utile remplacer successivement le bois dans de vastes parties de bâtiments, telles que combles, planchers, escaliers, croisées, etc.

Les nombreux incendies qui ont détruit, à diverses époques, tant de salles de spectacle, à Paris, ont déterminé, dans ces derniers temps, l'autorité à prescrire l'emploi du fer pour la construction des combles des théâtres, dans le but d'éloigner autant que possible la présence de matières combustibles dans ces édifices, si exposés aux ravages du feu.

Disons ici toutefois que déjà, avant qu'on eût pris cette mesure de précaution, en 1786, M. Louis, architecte du grand théâtre de Bordeaux, avait fait construire en fer, à Paris, le comble du Théâtre-Français, où nous trouvons par conséquent un des plus anciens exemples de ce genre de construction, aujourd'hui presque généralement adopté.

Ce qui doit principalement être remarqué dans ce comble que nous allons décrire, c'est le peu d'épaisseur des murs sur lesquels il s'appuie, le soin avec lequel on a réparti sur une plus grande surface de ces murs l'effort des différentes armatures du comble, au moyen de longs éperons verticaux à repos, enchâssés à fleur de leur parement intérieur, et enfin le mode ingénieux de contre-forts appliqués aux points affaiblis de l'édifice, à l'aide des voûtes extérieures en fer et poterie qui recouvrent les corridors de dégagement, et qui butent sur les murs principaux pour en augmenter la résistance.

a, grand tirant horizontal ou premier entrait, supportant le couchis du plancher qui est au-dessus du plafond de la salle, et auquel se rattachent les courbes de ce plafond ; *b*, entrait sur lequel repose le gril au-dessus du théâtre ; *c*, grand arc extérieur du comble ; *d*, courbes en fourrures au-dessus des reins de l'arc principal ; *e*, second arc, plus fermé que le premier, portant sur le repos des éperons verticaux, et servant à renforcer tout le système de l'assemblage.

f, tirants verticaux, ou aiguilles pendantes, unissant les arcs et les entraits, et supportant le cours de ces derniers; *g*, tirants inclinés de renfort pour consolider le second entrait, qui, outre le plancher du gril, supporte toutes les machines du cintre; *h*, grand lien en écharpe qui fait office de contre-fiche; *i*, autres liens inclinés et moisés, embrassant les courbes et les entraits, pour empêcher le déboîtement, le déversement et l'écartement de tous les fers vers les reins de l'arc; *k*, montants ou éperons verticaux appliqués contre les faces latérales des murs.

l, ancres et crampons scellés dans la maçonnerie, embrassant les montants d'appui; *m*, repos ou talons de renfort sur lesquels butent et sont goupillés à charnières les à-bouts de la portée des arcs, des entraits et des contre-fiches, ce qui prévient leur rupture en ces parties lorsque les fers se dilatent ou se condensent, selon les variations de la température.

n, assemblage et renfort des arcs à leurs extrémités; *o*, assemblage à redents, clefs et recouvrements des à-bouts des barres composant les entraits; *p*, agrafes des aiguilles pendantes; *q*, liens moisés des arcs.

r, solivage du plancher du gril; *s*, galerie de service légèrement construite en charpente; *t*, tirants en bois qui supportent les poutrelles de rive, les lisses de ces galeries et les rouleaux modérateurs des retraites du cintre; *u*, pont dormant; *v*, treuils et moufles servant à remonter les contre-poids.

x, lanternes du cintre; *y*, tambour de retraite du rideau de l'avant-scène; *z*, tambours dégradés pour le service des gloires, des vols, des nuages, etc.

Tous ces équipages sont établis sur des châssis, et supportés par des roulettes, en sorte qu'on les déplace pour les fixer à volonté partout où on le juge nécessaire.

Fig. 2, détail des talons contre-butant les à-bouts du second entrait dans la partie qui supporte le plancher du gril.

Fig. 3, détail des mêmes talons dans la partie du bâtiment où se trouve le plafond de la salle.

Fig. 4, détail de l'assemblage des pièces formant arc.

Fig. 5, détail de l'assemblage des pièces formant les entraits.

Fig. 6, agrafes des tirants.

Fig. 7, ajustement des liens moisés.

Les entretoises qui réunissent les fermes sont croisées par de petites tringles; elles forment des encadrements qui sont remplis en poterie enduite d'une couche de plâtre, sur laquelle sont clouées les ardoises. Quant à la partie milieu, elle est recouverte de feuilles de cuivre et entourée d'une balustrade. Vers le milieu de cette espèce de terrasse, dont la surface est arrondie, puisqu'elle participe du cintre des fermes, s'élève une tourelle à laquelle on arrive par un escalier qui sert de ventilateur.

OPÉRA-COMIQUE
(CI-DEVANT NOUVEAUTÉS).

(Pl. XIX, fig. 8.)

Le grand arc de ce comble a pour base une ferme plate formée d'un entrait, un arbalétrier et une tangente frettée; elle est retenue par deux ancres verticales placées en dehors des murs d'enceinte; la tangente est traversée par les branches de l'arbalétrier du comble, qui s'emboitent au contraire en enfourchement sur l'entrait.

Trois faux entraits de différente longueur, placés l'un au-dessus de l'autre, retiennent l'arc dans sa courbure; ils sont eux-mêmes maintenus à demeure par des aiguilles pendantes, qui soutiennent la ferme d'entrait. Une seule aiguille pendante, celle du milieu, réunit les trois faux entraits au sommet de l'arc, et s'arrête au faux entrait inférieur.

Ces différentes pièces sont reliées par deux longues écharpes qui les embrassent toutes, ce qui rend tout écartement impossible : elles sont chacune formées de deux branches taraudées en sens contraire, qui s'ajustent, en direction l'une de l'autre, dans une chape à double pas de vis. Il suffit de tourner cette espèce d'écrou avec une clef pour faire tendre cette longue tige, et augmenter ainsi la tension de la ferme.

Au sommet du comble, on a pratiqué une large ouverture qui, en établissant le courant d'air, remplit l'office de ventilateur; elle est surmontée d'un pont de service, avec balustrade s'appuyant sur des branches horizontales à double coude, qui s'enfourchent sur les grands arcs des fermes.

Celles-ci sont croisées par des entretoises bandées en poteries, et la chape en plâtre qui les recouvre reçoit une couverture en ardoises.

Il y a huit fermes au-dessus de la salle et sept au-dessus du théâtre; elles sont espacées à 2 mètres les unes des autres.

THÉATRE DE L'AMBIGU-COMIQUE, A PARIS,

EN 1828.

(Pl. XX, fig. 1.)

De tous les combles à surfaces courbes, les combles ogiviques sont ceux qui offrent le plus de résistance. On en fait maintenant un usage fréquent pour les théâtres, à cause de la capacité avantageuse qu'ils offrent aux développements et à la manœuvre des machines et des décors.

Le grand comble ogivique du théâtre de l'Ambigu-Comique est formé de dix-huit fermes semblables à celle figurée Pl. XX, *fig.* 1, ainsi construites :

Une ferme dite plate, par opposition à celle du comble, qui est cintrée, et consistant en un entrait, une corde et une tangente, frettés ensemble, sert d'entrait aux deux grands arbalétriers *m m*. Un grand arc de décharge *s*, assemblé du haut à tête de compas, comme on le voit *fig.* 21, renforce chaque arbalétrier; il traverse, de même que celui-ci, la tangente de la ferme plate; mais il embrasse, au contraire, l'entrait et l'arbalétrier réunis de cette ferme dans une moise à trait de Jupiter, indiquée *fig.* 3.

Le raide de la ferme plate est maintenu par cinq aiguilles pendantes : les deux extrêmes *k k* s'assemblent aux arbalétriers courbes, suivant le mode représenté *fig.* 4; les deux intermédiaires *g g* sont traversées, dans l'une de leurs parties renforcées, par le faux entrait *l l*, qui bute sur les arbalétriers aux points d'assemblage des deux premières; enfin celle du milieu *p*, qui correspond au sommet du comble, est encore traversée par un second faux entrait *h h*, qui retient la flexion des cintres à leur réunion avec les aiguilles *g g*.

L'écartement des arbalétriers et des grands arcs, reliés les uns aux autres par des frettes, est retenu par de petites décharges qui les contrebutent diagonalement, en maintenant les frettes à demeure.

La combinaison de l'armature sur laquelle

s'appuie l'arc de décharge *s* est des plus ingénieuses. Au moyen de la réunion de ces pièces accessoires, les pièces principales du comble, au lieu d'être noyées dans le mur, trouvent leur point d'appui sur un assemblage qui consolide le mur, loin d'en atténuer la force. La semelle inférieure *b* est seule enfermée dans la contexture du mur, ne laissant dépasser que les extrémités des deux branches *e f*, qui sont chacune percées d'un œil. On conçoit que si l'extrémité *r* de la tige verticale *c* de la semelle à crochet vient pénétrer dans l'œil *e* qui désaffleure le parement intérieur du mur, et qu'en même temps une ancre verticale *i*, après avoir traversé l'extrémité de l'entrait de la ferme plate et l'œil *e* de la semelle à crochet, passe dans l'œil *f* de la semelle inférieure, on conçoit, disons-nous, que l'arc, la ferme plate et l'armature ne feront plus qu'une seule pièce inébranlable. Les deux semelles, ainsi réunies, établissent toute la force du système : mais elles n'ont pas été imaginées dans ce seul but; elles ont encore pour objet de servir de chaîne à l'édifice, et c'est pour cela qu'ont été faites les branches *p* et *q* de la semelle inférieure, et les branches *x* et *y* de la semelle à crochet.

Si l'on rapproche de l'extrémité de la branche y, par exemple (*fig.* 5), soit la branche correspondante d'une autre semelle, soit l'extrémité z d'un tirant renforcé comme elle en talon, si on les recouvre d'un chapeau t, bien serré contre ces deux talons par deux coins, et qu'enfin ces trois pièces assemblées soient traversées par une âme v, scellée dans le mur, et terminée par un taraud, on les réunira invariablement à l'aide d'un écrou.

Au nombre des particularités de détail sont encore à remarquer l'ajustement à trait de Jupiter des arbalétriers (*fig.* 6), la réunion bout à bout des deux parties de l'entrait l, compris entre deux brides boulonnées (*fig.* 7); enfin l'assemblage de l'aiguille pendante p avec la ferme plate (*fig.* 8).

Les dix-huit fermes de ce comble sont réunies par des entretoises faisant pannes et croisées de fauton, sur lequel est fixé un treillis garni d'une chape en plâtre de 0,10 centimètres d'épaisseur, qui reçoit une couverture en ardoises.

THÉATRE VENTADOUR.

(Pl. XX, fig. 9.)

Les deux murs entre lesquels se trouve le comble sont espacés de 25 mèt. 30 cent.

Les deux extrémités de l'entrait *b* de chacune des fermes qui composent ce comble s'appuient sur les deux murs latéraux, puis à 2 mètres 75 centimètres en dedans de ces murs, sur deux colonnes en fonte; de telle sorte que l'entrait parcourt l'immense trajet intermédiaire, qui est encore de 19 mètres 80 centimètres, sans autres points d'appui que les aiguilles pendantes, qui le rattachent aux parties supérieures du comble.

Les deux grands arbalétriers cintrés *aa*, qui déterminent la forme extérieure du comble, reposent en enfourchement sur l'entrait, à l'aplomb du parement intérieur des murs; ils sont renforcés par deux autres arbalétriers intérieurs *mm*, qui s'assemblent du haut dans l'aiguille pendante principale, à 1 mètre environ au-dessous du point de jonction des arbalétriers extérieurs, et butent du pied sur le sommet des deux colonnes en fonte, contre le coude des décharges *ll*; ces décharges, qui s'élèvent verticalement de l'entrait aux arbalétriers, diminuent ainsi la longue portée de ces derniers.

Pour prévenir la flexion inévitable de l'entrait b, on a imaginé un moyen de tension tout particulier : on l'a fait traverser par cinq aiguilles pendantes, qui s'accrochent en dessous des arcs intérieurs reliés aux arbalétriers par des frettes correspondantes aux points de suspension. L'extrémité inférieure de ces tiges, qui se terminent en taraud, est assez longue pour passer en outre dans une espèce d'étui à repos r, maintenu par un écrou s. Les arcs ii, qui sont liés à l'entrait b par les brides kk, et qui butent sur le repos des étuis rr, sont autant de ressorts qui tendent l'entrait; ou plutôt l'entrait, ainsi bridé en une infinité de points, est comme une longue tangente fortement comprimée sur le dos d'une succession d'arbalétriers.

Le même système de tension est employé pour le faux entrait d, mais l'étui r est remplacé par un repos ou renfort forgé sur la tige de suspension même, et qui supporte le faux entrait. Un second repos inférieur sert de point de butée aux arcs ii, frettés de la même manière que ceux de l'entrait principal. Le faux entrait supérieur *e*, beaucoup moins long que les deux autres, est simplement soutenu dans son milieu par un repos ménagé à l'aiguille pendante principale, qui le traverse.

Dans cette ferme, comme dans la précédente, les frettes qui réunissent les arbalétriers intérieurs à ceux extérieurs sont contrebutées diagonalement par de petites écharpes, qui maintiennent toujours ces arbalétriers dans leur état normal.

Toutes les fermes du comble, disposées comme il vient d'être dit, sont réunies entre elles de la même manière que celles des autres combles, et recouvertes de feuilles de cuivre.

THÉATRE DE L'AMBIGU-COMIQUE.

PLANCHES XXI ET XXII.

Dans la nuit du 13 au 14 juillet 1827, anniversaire de la mort d'Audinot, le fondateur de l'Ambigu-Comique, un incendie consuma la salle, qui avait été construite en 1769, par Célerier. On venait de répéter, au sortir du spectacle, un mélodrame nouveau intitulé : *la Tabatière*, afin de juger l'effet d'un feu d'artifice qui devait figurer dans cette pièce, lorsque tout à coup l'incendie éclata, et se communiqua si rapidement, qu'en moins d'une heure le théâtre et la salle furent entièrement détruits. On s'occupa bientôt de relever un théâtre qui avait si long-temps prospéré, et à l'existence duquel était attachée celle de tant d'artistes; mais l'autorité ayant exigé l'isolement des deux côtés, qui manquait à l'ancienne salle (voir tome I*er*, page 128, Pl. X), le terrain où elle avait existé fut jugé trop petit, et l'administration fit l'acquisition de l'ancien hôtel Murinois, situé à l'angle de la rue de Bondy et du boulevard Saint-Martin. La superficie du terrain qu'occupait l'hôtel avec ses dépendances était d'environ 1,240 mètres. MM. Hittorf et Lecointe, architectes, furent chargés de la construction de la salle qui existe aujourd'hui.

Le nouvel emplacement présentait de nombreux avantages pour la distribution générale, et particulièrement pour le service du *dessous* du théâtre; cependant la différence de niveau qui existe entre le sol du boulevard et celui de la rue, l'irrégularité et les dimensions exiguës du terrain, le court espace de temps accordé pour l'étude et la construction, tout cela ensemble ne laissait pas d'offrir une certaine complication de difficultés. Les architectes s'en tirèrent avec bonheur, et leur théâtre est un des mieux disposés de la capitale.

Ici, en effet, nous trouvons réuni tout ce qu'on peut exiger dans la disposition d'une salle de spectacle; toutes les conditions ont été remplies de la manière la plus satisfaisante : nombreux escaliers, nombreuses issues, corridors spacieux, descente à couvert, entrée particulière pour l'amphithéâtre, précautions contre l'incendie, commodité et salubrité, rien n'a été omis; le plan a été combiné avec autant d'adresse que de talent.

Il est à regretter seulement que l'administration ait changé la destination de plusieurs parties de l'édifice. La sortie réservée (*a*, *fig.* 4) a été condamnée et convertie en boutique, la descente à couvert (*b*) sur la rue de Bondy supprimée, et son emplacement abandonné au limonadier. Ainsi les artistes s'étaient imposé des conditions difficiles que l'esprit mercantile de l'administration n'a pas su apprécier.

La forme de l'édifice est un trapèze dont la longueur est de 40 mètres 50 centimètres, et la largeur moyenne de 29 mètres. Du côté du boulevard se trouve prise, sur la largeur, une portion de terrain de 5 mètres de profondeur, où l'on a formé un rez-de-chaussée et des boutiques, au-dessus desquelles, aux étages supérieurs, se trouvent les bureaux de l'administration, les garde-robes, les loges d'acteurs, etc. Un passage large de 7 mètres, qui sépare le fond du théâtre des maisons voisines, établit une communication entre le boulevard et la rue de Bondy, et offre en même temps la commodité de faire arriver les chariots de décorations sans gêner la voie publique.

La façade principale (*fig.* 1) a 19 mètres en largeur, sur 18 mètres 50 centimètres de hauteur, en y comprenant l'attique ; elle regarde le midi, et se trouve à peu près sur l'axe du Château-d'Eau. Elle est composée de trois portiques d'ordres différents, soutenus chacun par six colonnes, dont celles des extrémités sont accouplées. Au rez-de-chaussée, ces colonnes, d'ordre dorique, sont répétées par six autres, qui forment un large porche, où l'on arrive en montant trois marches. Dans les entre-colonnements se trouvent les bureaux pour la distribution des billets et l'entrée du vestibule. De chaque côté de ce premier portique, le mur de face est percé, comme dans les entre-colonnements, d'une porte cintrée : celle qui est du côté du boulevard forme l'entrée du café dont on a pu remarquer l'élégante décoration; celle qui donne sur la rue de Bondy conduit au bureau et à l'escalier particulier des amphithéâtres des troisième et quatrième rangs. A ces portes correspondent, au premier étage, des croisées cintrées qui, à leur tour, sont répétées par des niches pratiquées au deuxième étage, et occupées par des statues. Ces statues ne sont pas les seules qu'on rencontre au deuxième étage; il s'en trouve d'autres dans les niches des entre-colonnements du portique.

Bien que toute cette façade soit d'un aspect agréable, qu'en général tous les détails, tous les profils soient d'un dessin pur, elle ne laisse pourtant pas de présenter de légers désagréments qui nuisent à l'harmonie de l'ensemble. L'entablement, orné de consoles et de modillons, est d'un bon effet; il est surmonté d'un acrotère qui couronne convenablement l'édifice.

La façade qui regarde le boulevard Saint-Martin (*fig.* 2) est composée de trois étages à ouvertures cintrées, surmontées de l'entablement et de l'acrotère dont nous venons de parler. Le retour de la façade principale forme un avant-corps décoré de niches, statues, masques scéniques, qu'on voudrait peut être voir répétés à l'autre extrémité de la façade dont nous parlons, pour rompre un peu la monotonie de ces longues enfilades de fenêtres cintrées.

La façade qui donne sur la rue de Bondy (Pl. XXII, *fig.* 1), quoique moins importante que les deux autres, a reçu des architectes une décoration fort agréable. Nous avons jugé convenable de la reproduire ici, sûr que nous sommes que les architectes et les amateurs ne laisseront pas de la considérer avec intérêt, et qu'ils sauront apprécier l'adresse avec laquelle les artistes ont su vaincre les difficultés que leur opposaient les réglements de police pour la hauteur de l'édifice, et la différence de niveau dont il a déjà été question. La forme heureuse qu'ils ont donnée à cette façade est un nouveau témoignage du talent éprouvé qui depuis long-temps leur a mérité l'approbation publique.

Le *vestibule* (*fig.* 4, *c*), assez vaste par lui-même, se trouve un peu embarrassé par les bureaux des contrôleurs; il se lie mal avec la salle, dont l'axe est différent du sien. Cet inconvénient résulte principalement du peu de largeur et de l'irrégularité de la partie antérieure de l'édifice; mais ce qui doit le plus le faire excuser, c'est qu'on le remarque à peine en entrant dans le corridor. Il est décoré, sur sa grande face, d'arcades et de pilastres ioniques; sur les petits côtés, à droite de l'entrée, s'élèvent deux colonnes du même ordre, entre lesquelles monte un large escalier qui conduit aux premières; à gauche, une porte ouverte sur le café, et qui a remplacé une Minerve assise, occupe l'entre-deux des colonnes, qui sont parallèles aux précédentes. Ces colonnes, les pilastres, ainsi que les entablements, sont de marbre blanc; les murs sont peints de jaune antique; les soffites et les encadrements du plafond, divisé en neuf compartiments, sont également jaunes et blancs, sur un fond bleu, et cinq masques scéniques placés dans les niches circulaires, et se dessinant sur un fond rouge, donnent à l'effet produit par ces couleurs un caractère prononcé et un ensemble harmonieux. Dans l'escalier, dont la cage offre aux yeux les mêmes couleurs, on voit dans des niches deux Termes qui supportent les bustes d'Apollon et de Bacchus.

Le plan de la salle consiste en une partie demi-circulaire, raccordée à l'avant-scène par une suite de courbes élégantes et parfaitement combinées pour permettre aux spectateurs de voir la scène. Elle a 14 mètres de diamètre du fond des loges, et 15 mètres de profondeur.

Le foyer, placé au premier étage, au-dessus du vestibule (*fig.* 5), occupe presque toute l'étendue de la façade principale. Il est divisé en trois parties : celle du milieu a trois ouvertures donnant sur la terrasse au-dessus du porche de la façade principale, et deux portes en face conduisent dans l'intérieur de la salle. La partie du côté du boulevard est d'une forme demi-circulaire, et du côté opposé se trouve l'emplacement du comptoir du limonadier. Ce sont des colonnes qui forment ces différentes divisions. Le décor du foyer consiste en pilastres corinthiens appliqués sur le mur; ces pilastres, ainsi que les encadrements des portes et les colonnes, de couleur chamois, se dessinent, dans tout le pourtour, sur des panneaux d'un fond bleu clair; ces panneaux sont ornés d'arabesques et de médaillons entourés de couronnes, au milieu desquelles des têtes coloriées sont représentées sur un fond chocolat.

La salle, dans sa hauteur, qui est de 14 mètres, se trouve divisée en cinq étages. Le rez-de-chaussée (Pl. XXII, *fig.* 2) comprend, outre l'orchestre des musiciens, un parquet, le parterre, des loges-baignoires, des pourtours de côté et un amphithéâtre de face, pris en dehors de la circonférence de la salle, qui est divisée par des colonnes doriques en neuf parties égales. Au-dessus du premier étage, et en retraite du balcon, s'élèvent des colonnes d'ordre composite, qui embrassent dans leur hauteur deux rangs de loges, et supportent l'étage des troisièmes loges. Au-dessus, c'est-à-dire au quatrième étage, se trouve un vaste amphithéâtre, avec un balcon en saillie sur le mur du fond de la salle. Quelques loges sont grillées, les autres ne sont séparées entre elles que par des cloisons à hauteur d'appui. La décoration, de laquelle on a banni la dorure, présente une variété de couleurs choisies avec goût, et combinées pour produire une harmonie agréable. Le fond des loges est de couleur verte; les colonnes, les pilastres, les entablements, les soffites, etc., sont de couleur chamois et blanc, se détachant sur le fond. Le balcon des premières est orné d'une belle frise représentant alternativement, dans des cadres de différente grandeur, une muse et les attributs de Melpomène et de Thalie, peints en coloris sur un fond vert. Divers cadres sont réunis par des guirlandes de fleurs et de feuillage, qu'embellissent des ornements sculptés et peints en coloris sur fond chamois.

Les devantures du deuxième rang de loges, dans l'entre-deux des colonnes, offrent des draperies d'un fond jaune, enrichies de bordures et d'encadrements rouges et verts; au milieu sont peints des masques de différents caractères, entourés d'une arabesque de feuillage et de fleurs coloriées; ces draperies, qui se partagent en trois parties entre chaque entre-colonnement, sont séparées les unes des autres par des bandes d'étoffe ornées de bordures sur fond blanc.

L'appui du troisième rang est en partie formé par l'entablement, et enrichi d'ornements coloriés. La frise présente divers carrés longs, entourés de méandres, et décorés de torsades de fleurs fixées à des rosaces d'une couleur brillante. La devanture du balcon du quatrième rang offre une légère balustrade se dessinant sur une tenture verte.

Le plafond (Planche XXV), supporté, dans la circonférence de la salle, par des colonnes à chapiteaux ioniques, dont le grand écartement est diminué par des montants en fer, est de forme ovale; il représente un *vela* en étoffe jaune, tendu sur des câbles attachés par le bas à des cercles à jour, fixé au-dessus de la corniche et par le haut à des cercles d'un diamètre moindre, qui forment l'encadrement de la rosace du lustre. Au milieu de douze compartiments principaux, séparés entre eux par des motifs d'arabesques coloriés, sont représentés douze génies portant les attributs de l'art théâtral. Des encadrements formés dans le haut et dans le bas du *vela*, des losanges ornés d'oiseaux, des masques scéniques, des couronnes de fleurs, et un riche lambrequin dont les découpures se dessinent autour des cercles à jour, complètent l'ensemble de la composition.

L'ouverture de la scène est de 9 mètres. Chaque côté de l'avant-scène est décoré de trois colonnes corinthiennes, l'une disposée à l'intérieur pour arrêter la forme circulaire de la salle, et les deux autres aux angles du mur qui sépare la salle du théâtre, pour servir de support au soffite horizontal de l'ouverture de la scène. Les devantures et le fond des loges d'avant-scène sont en cramoisi, enrichis de broderies. L'entablement est richement décoré, et surmonté d'un attique divisé en trois tableaux (Pl. XXVI, *fig*. 1). Ceux des extrémités représentent divers médaillons entourés de flambeaux, de thyrses, d'arabesques, de têtes d'Apollon et de Bacchus. On voyait d'abord, dans celui du milieu, ainsi que la planche l'indique, deux génies avec des attributs scéniques entourant de guirlandes les armes de France; mais depuis la révolution de 1830, les génies et les armes de France ont fait place au coq gaulois et aux drapeaux tricolores.

Le rideau (*fig.* 2) représente une draperie en velours cramoisi, divisée en trois parties, séparées par des tuyaux. Dans le haut est un lambrequin or et blanc. Au bas, l'on voit une belle bordure coloriée sur fond jaune et blanc, et se terminant par une frange enrichie de torsades, de palmettes et de glands.

Le lustre, composé de cinquante-quatre becs à quinquets, disposés sur deux rangs, rappelle la forme des lampes antiques; les cristaux sont variés de forme et d'effet, selon les contours des lames en bronze doré qui les enchâssent. Ce lustre, qui descend très bas dans les entr'actes, remonte par le moyen d'un simple mécanisme lorsque la toile se lève. Une telle innovation offre l'avantage de mieux éclairer le public et la salle, et d'ajouter aux effets et à l'illusion de la scène, sans gêner en rien la vue des spectateurs placés aux rangs les plus élevés.

La salle peut contenir près de 2,000 personnes, c'est-à-dire presqu'autant que la porte Saint-Martin, qui compte 3 mètres 50 centimètres de plus dans sa largeur, et dont la scène est par conséquent plus grande de 3 mètres dans son ouverture. Cet avantage est particulièrement dû à la disposition de l'amphithéâtre de l'étage supérieur, qui, à lui seul, contient près de 600 personnes.

Le théâtre a 17 mètres en largeur, sur 14 mètres 50 centimètres de profondeur; les plans sont au nombre de huit, et il est pourvu de toutes les machines nécessaires pour les pièces à grand spectacle.

Cet édifice a été construit presque totalement en pierres de taille; les planchers et toutes les couvertures sont de fer forgé. La construction a commencé le 1er octobre 1827, et la première représentation a eu lieu le 8 juin 1828.

Les peintures sont de MM. Johannis et Desfontaines; les figures des tableaux du foyer et celles du plafond de la salle ont été exécutées par M. Grosse; les muses qui décorent l'appui du balcon des premières loges par M. Adam; c'est M. Dantan qui a modelé les statues de la façade.

En finissant la description de ce théâtre, nous croyons rendre service à ceux qui seraient chargés de semblables constructions en mettant sous leurs yeux le tableau des dépenses suivantes :

Les travaux de terrasse se sont élevés à....................	44,770 fr.	29 c.
Maçonnerie................	585,902	15
Serrurerie..................	213,789	15
Charpente..................	97,595	84
Ardoises...................	8,419	92
Menuiserie en bâtiment.........	97,513	21
Menuiserie pour les machines...	69,099	42
Peinture en bâtiment...........	20,228	83
Peinture en décors............	17,088	»
De plus, pour la plomberie, vitrerie, marbrerie, fumisterie, bronzerie, sculpture, miroiterie, le carrelage et le pavage, les papiers de tenture, les ameublements, etc....	203,537	16
Total........	1,347,944 fr.	» c.

Les travaux ayant été exécutés dans la plus mauvaise saison de l'année, et le travail ayant continué, pour ainsi dire, jour et nuit, il en est résulté une augmentation de dépense qui s'élève à la somme de... 270,000 fr. » c.

Il suit de ce qui précède que les

dépenses pour la construction d'un théâtre semblable à celui de l'Ambigu-Comique, exécutée en temps ordinaire, s'élèverait, non compris l'achat du terrain et les honoraires de l'architecte, à la somme de.... 1,077,744 fr. » c.

THÉATRE VENTADOUR.

PLANCHES XXII ET XXIII.

Cet édifice a été élevé sur l'emplacement qu'occupait, dans la rue Neuve-des-Petits-Champs, l'ancien ministère des finances. Il était destiné à remplacer le théâtre Feydeau, dont la démolition a été nécessitée par le percement de la rue de la Bourse, rue qu'on aurait peut-être mieux fait de ne point percer; car, avant qu'elle ne le fût, on ne découvrait pas, faute de reculé, l'énorme toit qui écrase ce sanctuaire des fonds publics que la capitale compte parmi ses monuments du premier ordre.

Il est bien à regretter que la salle Ventadour se trouve pressée, comme elle l'est, par les maisons voisines, et que les rues qui la séparent de celles-ci ne soient pas un peu plus larges. Nous ne pouvons nous empêcher de nous élever ici contre le peu d'attention qu'on a apporté en général à Paris dans le choix des lieux que doivent décorer des monuments publics de l'espèce de ceux qui nous occupent. Certes, ils se réduisent à un bien petit nombre, les théâtres qui se trouvent assez dégagés des constructions environnantes, pour qu'au premier coup d'œil on puisse reconnaître en eux le séjour de Thalie et de Melpomène, et trouver un point de vue d'où l'on embrasse à la fois tout l'ensemble de leurs proportions. L'esprit de spéculation qui distingue le siècle cupide où nous vivons se glisse partout. Partout on le trouve opposant des obstacles insurmontables au génie, au talent des artistes, et flétrissant de son vil cachet leurs œuvres les plus belles. Pour quelques misérables toises de terrain, l'on consent à faire manquer tout son effet à un monument qui coûte des millions, et qui, construit sur une grande place, en attirant sur lui l'attention et l'admiration des curieux, contribuerait puissamment à l'embellissement d'une capitale. On aime mieux, pour quelques misérables toises de terrain, l'étouffer sous des masses de maisons qui ont cinq à six étages, et qu'on élèverait en autant de tours de Babel, si des réglements de police ne venaient mettre un terme aux calculs effrénés des spéculateurs. Encore ne s'en tient-on pas là : l'aveugle soif du gain force l'architecte à sacrifier une partie de l'édifice, souvent celle qu'il regarde comme la plus importante; et pourquoi? Pour y placer des boutiques dont on s'exagère le revenu. Veuillez jeter les yeux sur les Italiens, sur l'Ambigu-Comique, sur la salle de la Bourse, et me dire ce qu'ont de commun les Muses avec les bonnetiers, les cordonniers, les marchands de galettes. La mission de ces vierges divines n'est-elle pas de nous élever, pour y former notre cœur et notre esprit, à des régions un peu moins fangeuses que celles où s'installent nos marchands de toute espèce? Les hommes aujourd'hui les méconnaissent et les obligent de quitter leur séjour céleste pour les prostituer en public. Depuis le jour fatal où l'égoïsme, avec son inextinguible ardeur de s'enrichir, l'a emporté parmi nous, tous les sentiments nobles se sont pervertis.

Que nous différons en cela des anciens, que pourtant nous semblons avoir décidément pris pour modèles aujourd'hui! L'art participait, chez eux, à tout ce qu'il y a de noble et de pur dans la vie; l'artiste exerçait son art, comme on pratique la vertu, par vocation. On cherchait, non ce qui était nécessaire, mais ce qui était possible; aussi trouvait-on dans les villes de grandes places, de vastes portiques, d'immenses galeries, des monuments sans nombre. Tout ce qui portait le caractère national était d'autant plus magnifique, que les particuliers se montraient chez eux plus modérés. Les habitations des plus riches citoyens étaient simples, leur décoration presque insignifiante (1); et ce que, dans les temps postérieurs, les écrivains blâment comme un luxe extravagant, ne peut

---

(1) Démosthène reproche à Midias (*Discours contre Midias*), homme dont on vantait l'opulence, d'avoir fait bâtir une grande maison. Le même orateur dit, en parlant des citoyens des temps passés (*deuxième Olynthienne*): « Ils ont embelli la ville de tant d'édifices publics, ils ont érigé tant de temples magnifiques, et les ont ornés de si riches offrandes, qu'ils ont d'avance ôté à leur postérité tout espoir de les surpasser. Mais comme particuliers, ils vivaient avec modération; et quiconque a vu les habitations occupées par un Aristide, un Miltiade et tant d'autres hommes illustres, sait qu'elles ne se distinguaient en rien des maisons voisines. On ne gouvernait pas alors pour s'enrichir, mais chacun contribuait à la prospérité de la république. »

servir qu'à nous prouver la simplicité de la vie domestique (1). Offrir en don à l'État ce qu'on avait soustrait aux jouissances de l'égoïsme, pour rendre plus magnifiques les fêtes, les spectacles, les solennités nationales; prendre sur la vie intérieure pour mettre l'art à même de donner une forme solide, éternelle à ses brillantes conceptions; en un mot, s'oublier soi-même pour ne voir que l'éclat et la grandeur de la patrie : voilà en quoi consistait la gloire aux yeux des anciens (2). Ne nous étonnons donc plus qu'avec d'aussi faibles moyens ils aient exécuté de si grandes choses. Une noble ardeur s'emparait de tous les membres de la communauté.

Le riche surtout ne croyait pas pouvoir faire un plus bel emploi de ses richesses. Cimon embellissait à ses frais les places publiques

---

(1) Athen., VI, p. 229.
(2) Plutarque, *Vie de Lucullus*, 39. — Lysias, p. 374. — Lucien, Démosth., c. 16, t. 9. On voit clairement, par un passage de Cicéron (*Disc. contre Verrès*, 11, §§. 21 et 36), que l'embellissement des villes était regardé comme quelque chose de religieux.

d'Athènes (1). Le nom seul de Périclès rappelle pour l'art une longue et glorieuse histoire de progrès et de perfectionnement (2). On voyait des artistes travailler sans honoraires à la décoration des villes (3), se trouvant assez riches d'avoir pour salaire leur propre satisfaction, le plaisir de leurs contemporains et l'espoir de jouir après leur mort de quelque gloire chez la postérité.

---

(1) Plut., *Vie de Cimon*, c. 4. — Pausanias, c. 1. 15.

(2) Plut., *Vie de Périclès*, c. 13 : « Pour ce qui regarde la plainte en elle-même, je crois avoir donné toutes les explications nécessaires. Il est juste maintenant que vous connaissiez quels principes ont toujours et invariablement dirigé ma conduite, afin que vous soyez à même d'apprécier mon caractère avant que le décret ne passe. A peine majeur, je fus chargé, sous l'archontat de Théopompe, de la surveillance de vos spectacles, *où j'ai mis 30 mines du mien*. Au bout de trois mois, on me décerna le prix de la danse, ce qui me coûta 2,000 drachmes. Sous l'archontat de Glaucippe, *j'ai donné 800 drachmes* pour les danses, à l'occasion de la grande fête de Minerve. La même année, je remportai de nouveau le prix de la danse et déboursai, en comptant le trépied, près de 5,000 drachmes. » (Lysias, *Défense d'un citoyen accusé de corruption*.)

(3) Pline, 35. 9. — Plut., *Vie de Cimon*, c. 4.

De même que le monument était destiné aux jouissances publiques, de même l'artiste était considéré comme faisant partie des richesses nationales (1). Plutus ne conduisait pas l'art par la main; ces hommes ne prenaient pour guides que la vertu et l'amour du beau (2). La richesse, réduite à ses propres forces, a beau se fatiguer, elle ne saurait rien produire de grand; souvent même elle est mauvaise, à ne la considérer que comme moyen, si elle n'est acquise par la vertu, et appuyée sur la modération. La Thessalie aussi était riche! Mais qu'a produit l'art chez les Thessaliens? Qu'ont-ils fait? Qu'ont-ils laissé? (3)

De cet amour tout-puissant pour l'art naissait l'opinion religieuse de la sainteté de l'inviolabilité de tout ce que l'art avait produit (4). Une telle opinion ne peut venir que du cœur, et ne saurait être la suite d'une *ordonnance de police*. Il est inutile de dire que les anciens veillaient à la conservation de leurs monu-

---

(1) Pline, 35, 10.
(2) Hérodote, VII, 102.
(3) Isocrate, c. 38, t. 1.
(4) Hérodien, VII, 8. — Dion Chrysost., *Disc.* 31.

ments. Les soins minutieux qu'on prenait à cet égard étaient tout autre chose que ces précautions mesquines qui nous font entourer nos temples et nos palais de grilles et de sentinelles, comme si nous gardions des prisonniers.

Chez les peuples modernes, le particulier, en renonçant à la vie publique, s'est réfugié dans la vie intérieure et domestique. Nous ornons nos maisons comme les anciens ornaient leurs villes. De là vient que chez nous l'art a dépouillé son caractère public pour venir habiter avec les particuliers.

Pour revenir à notre sujet, nous dirons qu'un théâtre trouve son emplacement naturel au milieu d'une grande place où l'on peut se rendre de différents endroits, se réunir, et de là se diriger sur des quartiers différents. Il doit donc être le centre où plusieurs rues viennent aboutir comme des rayons.

L'emplacement de la salle Ventadour n'est nullement avantageux : les deux seuls débouchés qu'elle présente sont des rues de moyenne largeur, semblables à celles qui l'entourent, et qui ne permettent ni aux voitures ni aux piétons de circuler librement et avec sécurité. Il eût peut-être mieux valu qu'elle eût sa façade principale tournée vers la rue Neuve-Saint-Augustin, ce qui plus tard aurait peut-être amené la prolongation de la rue jusqu'aux boulevards, et procuré ainsi à l'édifice un point de vue plus reculé.

Le plan de l'édifice est un rectangle de 52 mètres 50 centimètres de longueur, sur 35 mètres de largeur.

La façade principale (Pl. XXIII, *fig.* 1) présente dans sa hauteur deux ordres de portiques, surmontés d'un attique, au-dessus duquel on trouve encore cet énorme et inévitable comble, sous lequel il faut, de toute force, ménager le *cintre*. Cette façade, d'un caractère monumental, s'offre aux regards sous une forme agréable et sous d'heureuses proportions. Le rez-de-chaussée est percé de neuf arcades à jour, s'ouvrant sur un large porche qui règne dans toute la largeur de l'édifice, et permet aux spectateurs d'attendre l'ouverture des bureaux où l'on distribue les billets, à l'abri des intempéries de l'air. Les colonnes, d'ordre dorique, engagées dans les pieds-droits des arcades, reposent sur un petit socle carré, et supportent un entablement orné de triglyphes, ornement qu'on ne devrait jamais omettre, et dont nous trouvons de si beaux modèles chez les anciens, au théâtre de Marcellus et au Colysée.

L'inscription qu'on a logée au milieu de la frise, aux dépens d'une partie des triglyphes, est contraire aux règles du bon goût, et détruit l'effet harmonieux que produit dans l'entablement la suite non interrompue des triglyphes. Le portique du premier étage, percé d'arcades vitrées qui éclairent le foyer, est d'ordre ionique. Ici les colonnes reposent sur des piédestaux irréguliers, reliés les uns aux autres par les balustrades des croisées. La frise de l'entablement est ornée de consoles qui se combinent avec les mutules de la corniche. Le jeu des ombres qu'occasionnent ces sortes d'ornements saillants est d'un bon effet. Au-dessus, l'attique est décoré de huit très belles statues, représentant des Muses avec leurs attributions.

On a beaucoup critiqué, lors de l'ouverture de la salle Ventadour, la présence de statues de divinités païennes sur des monuments modernes.

Mais on sait que les divinités des anciens n'étaient que des espèces de symboles des diverses propriétés de la nature, ou des idées qui se rattachent à chacun des deux ordres physique et moral. Sans doute nous ne croyons plus à Jupiter, à Vénus, à Apollon, aux Muses, etc.; mais comme on ne saurait cesser de croire aux qualités, aux sentiments et aux puissances intellectuelles que ces êtres fabuleux représentaient, leurs statues et leurs attributs sont restés comme autant de devises ou d'emblèmes, dont la poésie du langage et celle de la décoration architecturale ont fait leur patrimoine.

Nous en convenons, ces fictions de la mythologie ne sont point aussi intelligibles aujourd'hui pour tout le monde qu'elles l'étaient dans l'antiquité; car, fondées sur la religion, et liées intimement aux cérémonies du culte, les représentations allégoriques étaient généralement adoptées, faciles à saisir et connues de tous.

Bien que nous n'ayons pas le même avantage, rien ne nous empêche toutefois d'employer dans nos monuments certaines représentations mythologiques qui marquent la destination des différents édifices.

Ainsi des statues de Muses, placées sur un édifice consacré aux jeux scéniques, parlent une langue universelle, et n'ont besoin d'aucune inscription interprétative pour être bien comprises. Ces sortes d'ornements, choisis avec intelligence, ajoutent à l'effet du caractère des édifices; ils disent mieux, ils disent plus que toutes les légendes dont on peut charger les murs et les frontispices.

Le champ ouvert à la décoration architecturale, par l'emploi et la combinaison des représentations mythologiques, est donc aussi étendu que varié.

Mais il importe aussi à leur valeur significative de ne point en user sans motif, et de n'en point confondre le sens : combien cependant ne voit-on pas d'exemples d'un mélange peu judicieux et abusif de toutes ces représentations! Combien de gens, dans l'emploi qu'ils en font, ressemblent à ces ignorants qui s'amuseraient à rassembler les caractères de l'écriture, ou à proférer les sons des syllabes, sans liaison, sans connaissance des idées qui s'y rattachent!

Les deux façades latérales (*fig.* 2), entièrement semblables l'une à l'autre, sont percées, au rez-de-chaussée, de onze arcades, et, au premier étage, d'un nombre égal de croisées carrées, surmontées de mezzalines au second étage et dans l'attique. De plus, aux extrémités de chacune d'elles, les retours d'angles de la façade antérieure et de la façade postérieure forment deux avant-corps d'une arcade chacun, et décorés de la même manière que la façade principale. Au milieu du rez-de-chaussée de chaque façade latérale, trois arcades plus larges que les autres, et ornées de quatre pilastres engagés dans les pieds-droits, figurent un portique qui, par une de ses ouvertures, donne entrée sur un passage qui traverse toute la largeur de l'édifice, et sert de descente couverte aux personnes qui se rendent au théâtre en voiture.

L'ordonnance de la façade postérieure répond à celle des façades latérales.

Quant à la distribution du plan, nous trouvons d'abord au rez-de-chaussée (Pl. XXII, *fig.* 3), sur toute la largeur de la façade principale, un porche de 2 mètres 58 centimètres de profondeur; puis un vaste vestibule de 19 mètres 50 centimètres de large, sur 11 mètres 70 centimètres de profondeur, où l'on arrive encore du côté opposé, par le passage dont nous venons de parler.

Ce vestibule (Pl. XXII, *fig.* 3) est orné de huit colonnes d'ordre dorique, et de deux niches, dont l'une est occupée par une très belle statue en marbre de Grétry.

Quatre larges escaliers conduisent les spectateurs aux divers étages de la salle.

On a voulu trouver, bien à tort, sans doute, des rapports trop rapprochés entre les grands escaliers qui conduisent au foyer et ceux du Louvre.

Il en est de ce jugement comme de celui de certains individus, qui prétendent que la Madelaine ressemble à la Bourse, parce que ces deux édifices ont des colonnes tout autour; et l'église de l'hôtel des Invalides au Panthéon, parce que ces deux temples sont surmontés d'une coupole.

Ces vues étroites trahissent l'esprit vain et ignorant qui se croit appelé à donner indistinctement son avis sur tous les ouvrages d'art, dont il est incapable de saisir le véritable caractère, et dont il ne sent ni les beautés ni les défauts. La curiosité et l'égoïsme sont les ressorts qui le mettent en mouvement, et le guident dans tous ses actes physiques et moraux.

Outre les quatre escaliers dont nous venons

de parler, l'on en voit encore d'autres moins larges, il est vrai, mais en assez grand nombre pour que la sortie des spectateurs, après le spectacle ou en cas d'accident, puisse s'opérer sans confusion et avec la plus grande promptitude possible.

Il faut encore ajouter à cela un *vomitoire* souterrain, qui met la salle en communication avec le passage Choiseul.

Le foyer, placé au premier étage, est de la même dimension que le vestibule, et forme un des plus beaux salons qu'on puisse trouver à Paris.

Il est orné d'arcades et de pilastres corinthiens, de deux larges cheminées en marbre blanc, surmontées de superbes glaces, et enfin d'un beau parquet en marqueterie. De riches ornements, dorés sur fond blanc, brillent de l'éclat de cinquante-six portants de lumière au gaz, distribués sur sept beaux lustres en bronze.

La salle proprement dite, qui a 19 mètres de haut, sur 19 mètres 50 centimètres de long, et 20 mètres 80 centimètres de large, mesuré du fond des loges, offre par son plan la figure d'une cloche, c'est-à-dire qu'elle est terminée de part et d'autre par deux courbes, qui vont en s'évasant à mesure qu'elles approchent des avant-scènes, et qui sont réunies entre elles par un demi-cercle.

Cette forme de cloche présente bien, il est vrai, quelques avantages sous le rapport de l'optique; elle produit moins de *places de souffrance* près des avant-scènes; mais aussi elle exige une trop grande ouverture du théâtre, et se trouve, comme nous le démontrerons dans un autre article, contraire aux principes de l'acoustique.

En effet, cette disposition fait que la voix de l'acteur, en sortant d'une avant-scène aussi large pour passer dans un lieu plus large encore, ne se trouve point assez soutenue par les côtés; elle n'acquiert pas assez de force pour arriver au fond de la salle, où elle est dirigée; et d'ailleurs, le bord du théâtre n'avançant pas assez dans la salle, la voix doit nécessairement se perdre en partie derrière le gros mur de séparation dans les premières coulisses.

La distribution des étages est à peu près la même que celle de l'ancien Feydeau : ce sont d'abord des baignoires assez élevées, pour que la vue des spectateurs qui les occupent ne soit point gênée par la présence des personnes placées au parterre; après vient une première galerie en encorbellement, puis deux rangs de loges compris dans la hauteur de l'entre-colonnement d'un ordre d'architecture; derrière l'entablement de cet ordre se trouve une seconde galerie, puis, en retraite, un second petit ordre occupé par un rang de loges et par une troisième galerie; enfin, dans la hauteur de l'attique, se trouve disposé un cinquième rang de petites loges.

Chaque entre-colonnement renferme trois loges, séparées les unes des autres par une petite colonne en fonte et des cloisons pleines.

La décoration intérieure de la salle, où l'or et le blanc dominent, est d'un bon style d'architecture, et produit le plus grand effet.

Les fonds des loges sont en vert d'une teinte fort agréable.

Les loges d'avant-scène sont trop resserrées entre deux colonnes corinthiennes d'une hauteur disproportionnée à leur entre-colonnement et à leur diamètre. Elles supportent immédiatement un entablement dont la corniche règne au pourtour de la salle.

Le plafond figure une *vela*, et le rideau une draperie divisée par des tuyaux.

Le lustre, l'un des plus beaux que l'on ait encore faits, est garni de quatre-vingt-seize portants de lumière au gaz, et l'éclairage de la salle ne laisse rien à désirer.

Les corridors des étages supérieurs manquent de largeur, et quelques escaliers sont trop étroits; mais on supplée à ce qui manque à ces derniers, sous le rapport de l'étendue, en les multipliant, comme nous l'avons dit plus haut.

Le théâtre proprement dit est assez large, mais il lui manquerait peut-être un peu de profondeur. Les plans sont au nombre de sept. Il est pourvu des *dessous* et *dessus* nécessaires pour les représentations à grand spectacle, et les machines dont ils sont garnis ont été exécutées avec beaucoup de soin.

Tous les murs et escaliers de ce théâtre sont en pierre de taille, les combles (Pl. XX, *fig.* 9) et les planchers en fer, et en général toute la construction, tous les détails de ce vaste édifice présentent un entendement parfait, qui fait honneur aux talents de M. Huvé, architecte, qui en a fait les plans et dirigé les travaux.

Le chiffre élevé des dépenses qu'exigent les

représentations de cette salle de spectacle, combiné avec d'autres circonstances, ont fait que les comédiens de l'Opéra-Comique l'ont quittée, après un court séjour, pour se réfugier dans la salle de la Bourse, devenue vacante en 1832. Depuis on avait essayé de nouveau de jouer dans la salle Ventadour, en la transformant en *Théâtre nautique;* mais elle n'en fit pas pour cela de plus brillantes affaires, et fut bientôt refermée. Après l'incendie des *Italiens,* les comédiens de ce théâtre y ont donné quelques représentations, en attendant qu'on reconstruisît leur salle, et depuis la salle Ventadour se repose de nouveau.

THÉATRE
DE L'OPÉRA-COMIQUE
(CI-DEVANT THÉATRE DES NOUVEAUTÉS).

PLANCHE XXIV.

Il existait, il y a quelques années, au coin de la rue des Filles-Saint-Thomas, un passage étroit, triste, noir et enfumé, que le soleil ne visitait jamais de ses rayons, et où les marchands étaient obligés d'avoir de la lumière le jour comme la nuit.

Ce passage conduisait de la rue des Filles-Saint-Thomas à l'ancien théâtre Feydeau, bâti dans la rue du même nom, en 1788, d'après les dessins de Molinos et Legrand, et dans lequel jouèrent, sous la protection de Monsieur, frère de Louis XVI, plus tard Louis XVIII, une troupe de comédiens italiens ou bouffons, après avoir paru successivement sur différents théâtres de la capitale.

Lorsqu'en 1826, à la suite d'une querelle entre MM. Désaugiers et Bérard, qui se disputèrent la direction du Vaudeville, une volonté royale fit rentrer le premier dans la salle de la rue de Chartres, le ministre de l'intérieur accorda à M. Bérard, pour le dédommager, le privilége d'un nouveau théâtre, avec la faculté de bâtir là où il voudrait.

Une société se constitua, et, au bout d'une année, le vilain passage dont nous venons de parler vit s'élever, sur l'un de ses côtés, une salle de spectacle, et peu de temps après il fut entièrement supprimé.

Ce nouveau théâtre, bâti sur les dessins et sous la direction de M. Debret, architecte, à qui l'on devait déjà la restauration du théâtre de la Porte-Saint-Martin et la salle provisoire de l'Opéra, rue Lepelletier, prit le nom de *Théâtre des Nouveautés*, titre qui fit rire beaucoup, attendu que, dans les premiers temps, on y joua un grand nombre d'anciennes pièces.

L'ouverture des Nouveautés eut lieu le 1ᵉʳ mars 1827. Ce théâtre ne fit pas fortune, bien qu'il donnât des pièces agréables, et malgré la présence de plusieurs artistes aimés du public, qui lui prêtaient successivement l'appui de leur talent. Il se traîna trois ans entre la vie et la mort; sa chute devint inévitable, et, après avoir été témoin de l'un des premiers actes de la révolution de 1830 (1), il fut fermé au commencement de l'année 1832.

Au mois de décembre de la même année, l'Opéra-Comique, qui venait de déserter la salle Ventadour, vint s'installer dans la salle des Nouveautés, qui ne perdit pas à ce changement.

La disposition du plan présente une singularité que nous n'avons encore remarquée à aucun autre théâtre : c'est que l'entrée principale, ainsi que toute la partie de l'édifice qui renferme ordinairement les vestibule, bureaux, foyer, etc., ne se trouve point sur l'axe du théâtre et de la salle, comme cela se fait ordinairement; mais se retourne presque d'équerre sur celle-ci, ce qui fait que les spectateurs entrent tous par une extrémité dans la partie de l'édifice qui renferme la salle. Cette espèce d'anomalie, que l'architecte a été contraint d'admettre par suite de la disposition du terrain, est, du reste, peu remarquée, parce que le point de comparaison

---

(1) Le 27 juillet, le corps-de-garde que l'on avait placé sur la place de la Bourse a été brûlé, à neuf heures du soir, pendant une représentation.

échappe à l'œil dans des parties circulaires. Il est fort à regretter qu'on n'ait pas ajouté à l'emplacement qu'occupe ce théâtre la portion de terrain qui forme encoignure, ce qui eût donné à l'architecte la faculté d'étendre sa façade et de lui donner un air monumental, au lieu de l'encaisser entre deux maisons locatives, qui la resserrent et en rétrécissent les proportions.

Une autre difficulté dut aussi beaucoup contrarier l'architecte : nous voulons parler de l'obligation de conserver le passage Feydeau, qui ne fut totalement supprimé que quelque temps après la construction du théâtre. Par suite de cette obligation, l'architecte se vit dans la nécessité de pratiquer une espèce de tambour dans le vestibule, et d'élever le parterre à hauteur d'entresol.

La façade principale, sur la place de la Bourse, n'offre rien de remarquable, et reste sans effet en face de la grande place qui s'ouvre devant elle, et du palais de la Bourse, exécuté sur une si grande échelle. Il nous semble, à cet égard, que le peu de développement que permettait le terrain devait être une raison pour qu'on fît, dans la hauteur de la façade en question, quelque chose de plus simple avec de plus fortes proportions : par exemple, on aurait pu se borner à trois entre-colonnements avec des colonnes et pilastres montant de fond en comble, à peu près comme à la façade principale du théâtre des Italiens ; on se fût affranchi par là de détails mesquins, et le théâtre eût pris une allure plus noble en présence de son redoutable vis-à-vis, et il eût eu moins à souffrir de la comparaison, bien qu'il serait ridicule de vouloir comparer la Bourse à un petit théâtre destiné, dans son origine, à jouer des vaudevilles. On conviendra toutefois que le passant qui vient de porter ses regards avec contentement sur le premier de ces monuments, en est plus disposé à trouver l'autre d'une maigreur choquante.

Cette façade dont nous parlons consiste en deux ordres, l'un ionique, l'autre corinthien, composés chacun de cinq entre-colonnements, dont ceux des extrémités sont ornés de mascarons et de niches. Les sujets que représentent les statues et les bustes qui décorent ces niches nous semblent peu en rapport avec la destination de l'édifice, et choquent l'esprit de l'observateur; car, avant tout, il faut, en général, que les statues aient, avec la destination de chaque édifice à l'ornement duquel elles contribuent, un rapport de convenance et de signification, qui fait le principal mérite de leur emploi.

On entre dans le *vestibule* par les trois entrecolonnements du milieu, et l'ordre ionique de ces derniers se trouve changé ici en ordre dorique. Deux larges escaliers, disposés à droite et à gauche, conduisent à une espèce de balcon intérieur, placé à la hauteur du parterre, et ayant vue sur le vestibule. Ce balcon forme un petit premier foyer, dans lequel se trouvent pratiqués les bureaux des contrôleurs et le dépôt des cannes. Cette issue du théâtre n'est pas unique; car si l'entrée principale doit être seule ouverte au public au moment de la représentation, plusieurs autres sorties ont été ménagées pour les cas urgents; ces sorties donnent sur la rue des Filles-Saint-Thomas, et aboutissent à toutes les places, au moyen des couloirs ménagés sur le flanc de la salle. Dans quelques parties, ces corridors sont trop étroits, et, aux étages supérieurs, trop bas.

Au-dessus du vestibule, de plain-pied au corridor des premières loges, est un foyer d'une assez belle proportion, ouvert sur la place de la Bourse, dans toute la largeur des entre-colonnements, et d'où l'on jouit d'un admirable point de vue. Il est décoré d'un ordre corinthien formant galerie sur deux de ses faces. Entre les colonnes du centre sont, d'un côté, une cheminée isolée, sur laquelle une figure porte une couronne, et où est placée une pendule; en face se trouve un piédestal de forme circulaire, et surmonté du buste du Roi. Un chauffage à vapeur pratiqué sous le parquet vient en aide de celui de la cheminée, qui serait insuffisant dans une pièce aussi vaste. Un beau lustre et des glaces de toute la hauteur du foyer en complètent l'ornement. Dans deux des parties accessoires de cette pièce, et qui cependant y débouchent, sont placés le limonadier et le libraire.

Un second foyer est pratiqué à la hauteur des troisièmes loges : celui-ci est entièrement destiné à servir de café; sa décoration devait donc être plus simple : il est disposé en forme de tente de coutil bleu et blanc; des ouvertures sont pratiquées sur une terrasse qui donne également sur la place de la Bourse.

La forme générale de l'enceinte de la salle présente une ellipse : la disposition se compose de quatre rangs de loges découvertes et en forme de galeries en encorbellement, d'un orchestre garni en partie de stalles, et d'un parterre établi avec un soin remarquable; les spectateurs y sont assis sur des banquettes à dossiers; toutes les places sont numérotées, ce qui ne permet plus de confusion. Au moyen d'une pente bien prononcée, la même qu'à l'Opéra, on découvre toute la scène, et l'on n'a pas à craindre qu'un voisin d'une taille élevée vous empêche de distinguer ce qui se passe au théâtre.

Quant à la décoration de la salle (1), elle est traitée encore entièrement dans l'ancien style. De tous les travaux dans ce genre que le public doit aux talens distingués de M. Debret, celui-ci répond le moins, sous le rapport du goût. L'ensemble, et en général presque tous les détails sont lourds et d'une conception peu élevée. Nous n'y trouvons pas une seule idée qui ré-

---

(1) Nous faisons observer ici que nous représentons et décrivons la décoration telle qu'elle a été avant sa restauration en 1833, et que nous donnons toujours les choses telles que, dans l'origine, elles ont été conçues et exécutées par les artistes.

vèle les progrès du goût du *decennium* dans lequel nous vivons. Ce sont des motifs de décorations déjà trop de fois reproduits, mal étudiés, et surtout, selon nous, employés avec des tons trop crus, peu faits pour former un tout harmonieux, comme l'orange, le cramoisi et le vert.

La décoration de la devanture de la première galerie est composée de guirlandes attachées alternativement à des candélabres et à des trépieds entre lesquels se trouvent aussi des couronnes, le tout en relief et se détachant en or et en blanc sur un fond gris de perle. Dans l'intérieur des couronnes sont des instruments de musique qui ressortent sur un fond cramoisi. Cette devanture, il faut en convenir, est d'un très bon goût et d'un fort bel effet; cependant les candélabres et les trépieds nous semblent bien petits et bien frêles pour soutenir d'aussi lourdes guirlandes. Les trois autres devantures de loges présentent des draperies couleur orange clair, brodées en cramoisi avec des plis en relief.

Le plafond représente une coupole surbaissée, en treillage, où s'entrelacent des branches d'arbustes chargés de fleurs, et au travers de laquelle on aperçoit un ciel, effet de nuit. On a généralement désapprouvé cette innovation, qui était d'un effet peu satisfaisant.

L'avant-scène est décorée de quatre colonnes d'ordre corinthien, qui supportent une archivolte en anse de panier. La proportion peu heureuse de l'ouverture de l'avant-scène fait que, lorsque le rideau est levé, les frises de décors ne peuvent guère arriver qu'au milieu de la hauteur, ce qui a fait recourir à plusieurs manteaux d'arlequin les uns sur les autres.

Le rideau représente un tapis en étoffe brochée d'ornements bleus avec bordures, au centre desquelles est une lyre ailée. Au-dessus se trouve une autre draperie richement frangée avec les armes de France au milieu; ces armes sont suspendues par des guirlandes de fleurs.

Le lustre de la salle, d'un assez grand diamètre, quoique d'une hauteur moyenne, forme une réunion de girandoles groupées autour d'un centre commun. La nécessité de porter sa lumière à une très grande distance, en raison de son élévation (on l'a supendu dans la concavité de la coupole, afin qu'il ne gênât point la vue des spectateurs, quelque place qu'ils occupassent), y a fait placer des réflecteurs qui répercutent la lumière à travers les réseaux de cristaux qui le décorent.

Le théâtre proprement dit est d'une assez belle dimension, et pourvu de dessus et de dessous nécessaires. Le bâtiment de service et les loges d'acteurs sont situés sur la rue des Filles-Saint-Thomas. Tous les combles de la scène et de la salle sont en fer. (Voir pl. XIX, *fig*. 8, et page 126.)

THÉATRE DU PANTHÉON.

PLANCHE XXVII.

Ce théâtre a été construit dans l'intérieur d'une église que Paris comptait parmi ses plus anciens monuments. L'église Saint-Benoît fut bâtie à la chute du paganisme, sur les ruines d'un temple consacré à Bacchus; puis, par corruption, à saint Baac. C'est dans cette église que saint Denis commença à invoquer le nom de la Sainte-Trinité, et ce ne fut qu'en 1155 que l'église de Saint-Bacchus fut réunie à l'aumônerie de Saint-Benoît. Dans le XIIIe siècle, elle présentait cette singularité d'avoir son chevet tourné du côté de l'occident, disposition contraire au rit observé généralement par les païens et les chrétiens, laquelle obligeait l'officiant de tourner la face du côté du soleil levant. Cette contravention à l'usage général valut à l'église Saint-Benoît les surnoms de *male versus*, de *Bétournée* ou *mal tournée*. Dans la pièce des *Moustiers de Paris*, on lit :

> Saint Bénéois li bestornez,
> Aidiez à toz mal atornez.

Au xive siècle, on fit disparaître cette inconvenance, en transportant du côté de l'orient l'autel placé à l'occident de l'église. Alors elle reçut le surnom de *bien tournée*, *ecclesia Sancti Benedicti bene versi*.

Sous François Ier, en 1517, on entreprit de reconstruire l'église sur un nouveau plan ; mais la nef, les bas-côtés et les charniers seuls furent achevés, et ce ne fut qu'au xviie siècle que fut élevé le sanctuaire, sur les dessins de *Claude Perrault*. Cependant l'architecture de cette partie, composée d'arcades, ornée de pilastres corinthiens, n'était point en harmonie avec les formes gothiques et les voûtes en ogive de la nef.

L'église Saint-Benoît, depuis la révolution de 1789, était devenue une propriété particulière. Le propriétaire la loua long-temps à des prêtres qu'on peut appeler nomades, et qui y disaient des messes, sur lesquelles une retenue était faite pour sa location. Mais le curé de Saint-Severin, voulant se réserver seul les bénéfices de l'impôt levé sur la foi des fidèles, mit fin à cet arrangement nuisible à ses recettes, et l'église Saint-Benoît ne fut plus qu'une propriété sans produit.

Plus tard, elle servit aux distributions de

prix des colléges voisins, et enfin de magasin à farine.

Cette église, comme beaucoup de celles qui existent encore, présentait, par suite du laps de temps qui s'était écoulé entre ses diverses constructions, trois genres d'architecture : le gothique ancien, celui de la renaissance, et le grec moderne.

Dans cette église furent inhumés plusieurs personnages célèbres : *Jean Dorat*, surnommé le Pindare français; *René Chopin; Pierre Brulart* et *Gérard Audran*, habiles graveurs; *Claude Perrault*, l'architecte de la colonnade du Louvre, et son frère *Charles Perrault*; *Michel Baron*, un des plus célèbres comédiens français, etc.

Parmi les curiosités qu'elle renfermait, on remarquait sous une voûte, au fond d'une chapelle, à gauche en entrant, un Christ au tombeau, avec les trois Marie, saint Joseph d'Arimathie, etc. La cuvette des fonts baptismaux était très remarquable.

Cette cuvette, d'une pierre blanche et dure, étais bordée d'ornements arabesques d'un travail très élégant et très délicat, et portée sur un socle carré, enrichi de bas-reliefs d'une exécution qui n'est point inférieure à celle des ornements; elle portait la date de 1547.

L'antiquité de cet édifice, la beauté de son portail et de quelques détails auraient dû engager l'autorité à le conserver comme monument historique; mais Paris voit ainsi peu à peu disparaître les monuments de son antiquité, et il en est malheureusement ainsi presque partout.

Les arceaux de la vieille église, les fenêtres à ogives, les pilastres, les colonnettes, en un mot toute l'architecture gothique et dentelée de l'édifice religieux est recouverte maintenant des pompes de Satan. Nef et chœur sont envahis par des châssis, des toiles, des planchers et des trappes; on pousse à *cour* et à *jardin* dans ces lieux, désignés autrefois par le côté de l'Épître et celui de l'Evangile; la sacristie est devenue le foyer des comédiens; la place des confessionaux est occupée par des loges grillées. C'est un curieux spectacle que celui que présente le monument ainsi travesti; l'immense squelette du temple, habillé d'oripeaux et de toiles peintes, produit des impressions assez bizarres.

Cette transformation d'une église chrétienne en salle de spectacle était un de ces problèmes rares et fort difficiles à résoudre; car il ne s'agissait pas ici d'une construction sur un terrain nu, où l'artiste, bien qu'entravé par les mille et mille conditions imposées par les réglements de police et par la direction, aurait pourtant pu donner en quelque sorte un libre essor à son imagination et exécuter son œuvre comme il l'aurait conçue : non ; il a fallu à l'architecte assujettir ses plans aux exigences des localités, et vaincre des difficultés sans nombre et de toute espèce.

C'est aux soins et à l'expérience de M. Bourla, à qui la capitale devait déjà plusieurs édifices du même genre, qu'on eut recours pour cette tâche difficile, et cet architecte s'en est tiré avec adresse et bonheur.

M. Bourla a trouvé dans les fouilles le mur de l'ancien chevet, et s'en est servi. Les fondations des piliers de la nef étaient en partie faites avec des fragments de chapiteaux et de sculpture ; beaucoup de débris de petits vases en terre d'une belle forme étaient répandus çà et là, sans que l'on puisse dire positivement quel avait été leur usage.

L'on n'a trouvé des tombeaux des hommes célèbres dont nous avons parlé plus haut, que ceux de René Chopin, jurisconsulte, et de Jean

Boucher, docteur en Sorbonne et fameux ligueur. Dans la nef et les bas-côtés, il n'existait que des petits caveaux reposant sur des terre-pleins; ils avaient été ouverts et fouillés lors de la première révolution.

Le vaisseau de l'église, la façade sur le cloître, étaient composés de croisées à ogives, surmontées de leur pignon avec barbacane, représentant des animaux fantastiques. Le portail sur la rue du Cloître-Saint-Benoît, avec sa rosace découpée au-dessus, était d'une grande beauté. L'on a conservé quelques morceaux qui ont pu être enlevés à la scie, et des dessins ont été faits de ceux qu'il a fallu détruire.

Trois travées de la nef et le chœur servirent à l'établissement de la salle de spectacle (*fig.* 6). Le reste, jusqu'à l'ancien portail, fut consacré au théâtre; seulement, l'on fut obligé, pour rendre la salle circulaire, de démolir deux colonnes et la voûte, ce qui coupe et sépare totalement le chœur d'avec le reste de la nef, qui ont été reliés par les murs circulaires de la salle et le comble en fer au-dessus.

Une des trois travées fait la largeur des avant-scènes; les deux autres font les loges de côté, et le chœur en cul-de-lampe les amphithéâtres.

Les corridors sont entre le mur neuf du pourtour de la salle et les anciens murs des bas-côtés; ils ont une largeur suffisante pour la circulation du public, et pour que la salle puisse encore avoir un diamètre convenable.

Au sol de la première galerie, on s'est servi d'une des chapelles de côté pour y faire un foyer d'hiver, où l'on a conservé les ogives de la voûte. L'économie a empêché que l'on y mît un ameublement dans le style de la construction.

Les autres chapelles du côté des charniers servent pour les loges et le foyer des acteurs, et renferment l'administration, le corps-de-garde des pompiers, les magasins et ateliers du machiniste.

Une difficulté à vaincre était de trouver la largeur et la hauteur nécessaires au service des décorations. Les dessous (*fig.* 3 et 4) furent descendus à la plus basse fondation des anciennes colonnes, à 5 mètres 20 centimètres (16 pieds) en contre-bas du sol; les voûtes des bas-côtés ont été coupées, et les piliers montent de fond jusqu'à la voûte de la nef. Un des bas-côtés sert tout entier pour les ponts de service, ce qui donne beaucoup de facilité. Il est peu de théâtres qui aient une distribution aussi facile pour le service intérieur des acteurs.

Quant à l'extérieur (*fig.* 1), il n'était guère possible de faire beaucoup mieux que ce qu'on a fait avec les anciennes façades. Les pignons ont disparu sous un attique. Une croisée à l'italienne est percée dans la chapelle, et les autres fenêtres sont construites dans le vide des croisées gothiques.

L'entrée du théâtre est abritée par un petit porche, soutenu par des colonnes doriques, et développant sur ses côtés deux auvents, pour que le public puisse faire *queue*.

La décoration intérieure est fort bien étudiée, et nous rappelle les intérieurs gais et riants de l'antique Pompéia. La devanture de la première galerie se compose de génies en grisaille, avec des ailes, les bras étendus, et tenant dans leurs mains des couronnes et des palmes qu'ils posent sur des médaillons, dans lesquels sont les portraits de la plupart des grands hommes qui ont honoré les arts; des trépieds remplissent les intervalles. Aux secondes, ce sont des imitations de tenture avec médaillons contenant des attributs. Aux troisièmes, on trouve des espèces de frontons avec ornements, des vases chargés de fleurs et entourés d'oiseaux de paradis.

Le plafond est à compartiments, représentant des voiles d'étoffes jaunes.

La partie pleine du mur d'avant-scène (*fig.* 2) est divisée en trois compartiments. Celui du milieu contient les armes de la France. A droite et à gauche sont deux autels, l'un consacré à la patrie, l'autre à l'honneur, et chargés d'attributs militaires et civils.

Le rideau représente une draperie cramoisie, ornée par le bas de riches bordures et de franges d'or.

Une économie sage et d'une rare entente a présidé à l'établissement de cette salle de spectacle, qui a eu lieu en 1832, car toutes les dépenses réunies n'ont pas dépassé le chiffre de 120,000 fr. La reconstruction de la salle du Palais-Royal a coûté près de 300,000 fr.

THÉATRE
DU CIRQUE-OLYMPIQUE.

PLANCHES XXVIII, XXIX, XXX, XXXI ET XXXII.

Il était écrit que presque tous les théâtres construits suivant l'ancien système seraient dévorés par les flammes, pour sortir de leurs cendres, peu de temps après, comme le phénix, plus beaux et plus perfectionnés. Nous ne citerons pas ici le nombre considérable de salles de spectacle qui ont déjà subi, dans tous les pays, ce sort fatal; nous ferons observer seulement que l'ancien Cirque des frères Franconi, situé dans la rue du Faubourg-du-Temple (voir tome I, page 225, et pl. XV), n'a pu échapper à ce fléau destructeur, et qu'il fut incendié en 1826.

Le goût prononcé des Parisiens pour un genre de spectacle qui rappelle à leur souvenir les gloires et les hauts faits d'armes de l'histoire en général, et de celle de France en particulier, réclamait la prompte réédification de cette salle. L'administration ne perdit pas de temps, et, le 30 mars 1827, on ouvrit le nouveau Cirque, au grand contentement du public.

Le terrain que ce théâtre occupe aujourd'hui a la forme à peu près d'un rectangle de 50 mètres 2 centimètres (154 pieds) de longueur sur 27 mètres 61 centimètres (85 pieds) de largeur; il se trouve entre le boulevard du Temple et la rue des Fossés-du-Temple, à la gauche de l'Ambigu-Comique, qui, depuis, a été à son tour la proie d'un incendie.

La disposition d'un théâtre comme celui que nous décrivons présente de très grandes difficultés; il faut résoudre un double problème : 1°. trouver un emplacement convenable pour y faire manœuvrer les chevaux à l'aise, et y exécuter des jeux olympiques; 2°. disposer un vaste théâtre, de manière que le spectateur puisse voir avec facilité deux spectacles différents qui se succèdent. Sous ce rapport et sous bien d'autres, l'architecte, M. Bourla, homme de beaucoup d'expérience en construction de théâtres, a complétement répondu à l'attente du public.

L'édifice est complétement isolé des constructions voisines par deux passages de 7 mètres (21 pieds 6 pouces) de large, et fermés des deux bouts par des grilles en fer.

La façade principale, sur le boulevard du Temple (pl. XXVIII, *fig.* 1), n'a rien de remarquable; elle manque des grandes proportions qu'exigerait un édifice de ce genre, et ne présente qu'un mélange de monument public et de maison locative. Il n'y a que le centre qui se distingue un peu par son ordonnance; les côtés sont sacrifiés. Hâtons-nous, cependant, de dire que ce n'est pas la faute de l'architecte; des intérêts et des droits particuliers ont exercé encore ici leur fatal empire sur les arts, et la capitale a perdu de nouveau l'occasion de s'enrichir d'une façade de théâtre grandiose et caractérisée.

La façade dont nous parlons, ou plutôt la partie du milieu de cette façade, se compose d'un rez-de-chaussée de peu de hauteur, formant une espèce de soubassement surmonté de deux autres étages, décorés de pilastres ioniques et corinthiens. Elle est divisée, dans sa largeur, en cinq entre-colonnements, dont les trois du milieu sont percés chacun d'une croisée cintrée; ceux des extrémités sont décorés de niches et de statues. Le tout est surmonté d'un acrotère supportant des groupes de chevaux.

La partie antérieure de l'édifice (*fig.* 2, 3 et 4) comprend, au rez-de-chaussée, un vestibule qui donne accès aux escaliers des différentes places de la salle.

La disposition de ces escaliers est très heureuse et peu commune; le spectateur qui arrive n'a pas besoin de les chercher, comme cela a lieu dans plusieurs autres théâtres. On peut à volonté les faire communiquer entre eux à l'aide de portes convenablement distribuées, et les personnes qui se dirigent vers les premières, les secondes et les stalles, ne se trouvent point mêlées avec celles qui vont au parterre ou à l'amphithéâtre.

Au-dessus du vestibule, au niveau des premières, se trouve le foyer, décoré de pilastres corinthiens.

La salle, de forme semi-circulaire, raccordée aux avant-scènes par des tangentes, a 21 mètres 50 centimètres (66 pieds) de largeur, et 19 mètres 50 centimètres (60 pieds) de longueur, mesurée du fond des loges.

Le parterre est remplacé ici par l'arène pour

l'exercice des chevaux, et l'orchestre présente une nouveauté qui mérite d'être signalée.

Jusqu'ici l'on n'avait pas trouvé le moyen de ménager un emplacement convenable pour l'orchestre, indispensable aux représentations théâtrales, et le public était fatigué et de la vue des ouvriers apportant, morceau par morceau, un orchestre improvisé, et du bruit que l'ajustement de ces pièces occasionnait. L'architecte a ingénieusement paré à ces inconvénients. Aussitôt que les exercices équestres sont terminés, on voit se détacher la partie de la circonférence du Cirque qui touche presque le théâtre, et s'avancer vers le milieu de la salle comme un tiroir de commode. Ce tiroir porte les pupitres, les tabourets et les chaises destinés aux musiciens. L'orchestre arrive au lieu convenable, comme par enchantement, par un mécanisme très simple qui est mis en mouvement au-dessous du théâtre, sans bruit et sans qu'on aperçoive presque aucun ouvrier.

Au rez-de-chaussée, on a pratiqué, autour de l'enceinte du manége et en arrière des banquettes de galerie, un rang de baignoires grillées, d'où l'on peut parfaitement voir l'équitation et le spectacle.

Au-dessus, ce sont trois rangs de galeries et de stalles avec de vastes amphithéâtres dans les fonds. A droite et à gauche, il y a des loges, séparées les unes des autres par des cloisons à hauteur d'appui. Le troisième, qui comprend les dernières places, est disposé avec beaucoup d'adresse; l'œil du spectateur peut plonger en même temps dans le manége et dans toute la profondeur du théâtre. M. Bourla a obtenu cet avantage par une dégradation amphithéâtrale des différents étages, que beaucoup d'architectes négligent d'établir, et qui contribue si puissamment à la coupe gracieuse d'une salle.

La décoration de la salle représente l'intérieur d'une riche et vaste tente d'étoffe, brochée d'or et d'argent, comme on en voyait au temps de la chevalerie pour les fêtes et les tournois.

Douze colonnettes en fer forgé et d'un seul morceau, représentant des lances dorées, de 188 millimètres (4 pouces) de diamètre et de 15 mètres 60 centimètres (48 pieds) de hauteur, supportent la coupole et les différents rangs de loges. Ces colonnettes sont, à cause de leur grande dimension, une œuvre de serrurerie remarquable. L'architecte a eu l'heureuse idée de les couvrir dans le bas, pour qu'elles ne paraissent pas trop frêles, vu leur proportion, de poteaux en charpente, ce qui donne à la partie basse de la salle l'aspect d'un soubassement d'architecture. Par le haut, ces colonnettes aboutissent à une double couronne en fer qui les lie entre elles, et donne une très grande solidité à l'ensemble de la construction. (Pl. XXXI et XXXII.)

La coupole est recouverte d'un plancher en bois qui rend la salle assez sonore.

La devanture de la première galerie est ornée de bas-reliefs retraçant des jeux olympiques; celle de la seconde galerie représente des enfants conduisant des chevaux. Le restant de la salle est décoré en draperies de couleur chamois, rehaussées d'or et d'argent.

Les lances dorées supportent, à leurs parties supérieures, des trophées militaires, formés des armes et des attributs de toutes les nations et de tous les siècles, depuis le bonnet phrygien et le casque du soldat romain jusqu'au chapeau du tambour-major, le shako du voltigeur et le turban du mameluck, depuis le casse-tête du sauvage jusqu'au sabre du grenadier.

Tous ces trophées sont peints de couleurs analogues aux objets qu'ils indiquent.

Les chevaux entrent dans l'arène et en sortent par deux larges ouvertures pratiquées dans le bas des avant-scènes, et fermées par des portières.

L'ouverture de l'avant-scène a 11 mètres 70 centimètres (36 pieds) de large sur 9 mètres 75 centimètres (30 pieds) de hauteur. Le rideau représente des draperies de couleur chamois, rehaussées d'or et d'argent. Les draperies du haut sont en ponceau et or.

La salle est parfaitement éclairée par un lustre qui l'emporte, par sa grandeur et le nombre de ses becs, qui est de cent vingt, sur tous ceux qui existent aujourd'hui dans les théâtres de la capitale. La suspension de ce lustre est absolument indépendante des supports de la coupole, et ne peut, par conséquent, inspirer la moindre crainte.

La scène est vaste, comme l'exige le genre des spectacles représentés; elle a 17 mètres 33 centimètres (55 pieds) de profondeur, sans compter le derrière du théâtre qui, dans certains cas, peut servir à lui donner plus de longueur. Dans cette partie, on a pratiqué un pont volant qui sert de passage aux acteurs, pour se transporter rapidement d'un côté de la scène à l'autre, pendant les évolutions militaires.

Les plans sont au nombre de huit, et les machines au grand complet pour les représentations à grand spectacle.

Deux écuries, de 19 mètres 49 centimètres (60 pieds) de long sur 7 mètres (21 pieds 6 pouces) de large, sont disposées, l'une au-dessus de l'autre, à gauche de la scène; elles sont construites au-dessus d'un des passages d'isolement dont nous avons parlé plus haut. L'écurie la plus basse est élevée de 5 mètres 85 centimètres (18 pieds) au-dessus du niveau de la rue où se trouve le niveau du théâtre, et la seconde au niveau du deuxième étage des loges des acteurs. Des pentes extrêmement douces conduisent les chevaux à ces différentes écuries, et l'on voit que, d'après toutes ces dispositions, les chevaux peuvent au besoin descendre du cintre.

La charpente du comble est en fer forgé, d'une construction particulière et hardie; on en voit les détails les plus curieux réunis pl. XXXI et XXXII.

Dans la partie la plus élevée du comble sont placés deux grands réservoirs en fer battu, chacun de 3 mètres 25 centimètres (10 pieds) de long sur 1 mètre 30 centimètres (4 pieds) de large, et 1 mètre 95 centimètres (6 pieds) de profondeur. Ils sont toujours pleins, et peuvent être continuellement alimentés par des pompes qui prennent l'eau dans un tube artésien, et, au besoin, dans la grande conduite des eaux de l'Ourcq qui passe sous la salle.

L'équipage des pompes est placé sous le théâtre, et il est disposé de manière qu'il ne peut jamais manquer d'eau dans aucune circonstance.

Les pompes qui alimentent les réservoirs peuvent non seulement répandre abondamment l'eau sur le comble, mais encore inonder les maisons voisines.

THÉATRE SAINT-MARCEL.

PLANCHES XXXIII, XXXIV, XXXV, XXXVI ET XXXVII.

Jamais peut-être, depuis l'origine du théâtre en France, les habitants de Paris n'ont autant aimé les spectacles que de nos jours; le goût pour les représentations théâtrales s'est surtout vivement manifesté dans les classes inférieures de la société, chez les artisans et les ouvriers; en un mot, malgré les nombreuses faillites et les incendies qui ont détruit successivement la plupart des salles de spectacle, le nombre en est toujours accru.

C'est bien aujourd'hui le cas de répéter ce qu'on chantait autrefois, nous ne savons plus dans quel vaudeville :

> « Les Romains s'estimaient heureux
> « Avec du pain et des théâtres;
> « On a vu les Français joyeux
> « S'en montrer bien plus idolâtres :
> « N'a-t-on pas vu ce peuple, enfin,
> « Subsistant comme par miracle,

« Pendant le jour mourir de faim,
« Et le soir courir au spectacle? »

Il est vraiment curieux de suivre le mouvement du nombre des salles de spectacle qui ont existé successivement à Paris, à diverses époques, et d'examiner avec attention, d'un côté, les priviléges qu'elles ont obtenus, et, de l'autre, les ordonnances répressives que les divers gouvernements ont rendues pour en diminuer le nombre.

Pour avoir un aperçu exact du nombre des priviléges accordés, nous sommes obligés de suivre pas à pas l'histoire dramatique, en faisant observer toutefois que presque toutes les salles de spectacle antérieures au XVIIIe siècle n'ont rien présenté d'intéressant sous le rapport de l'architecture, car beaucoup d'entre elles n'étaient que des salles carrées plus ou moins grandes, avec ou sans gradins pour la commodité des spectateurs, ou tout simplement des jeux de paume.

On s'accorde généralement à placer l'origine des spectacles, à Paris, à l'année 1398, où des bourgeois de Paris se réunirent pour donner les représentations des *Mystères de la Passion de Jésus-Christ*, et pour vivre aux dépens de leurs spectateurs. Le caractère de ces représentations, dont les pèlerins de la Terre-Sainte avaient donné l'idée, procura à la compagnie de leurs inventeurs le privilége d'être érigée en confrérie pieuse :

> « De nos dévots aïeux le théâtre abhorré
> « Fut long-temps dans la France un plaisir ignoré.
> « De pèlerins, dit-on, une troupe grossière,
> « En public, à Paris, y monta la première,
> « Et, sottement zélée en sa simplicité,
> « Joua les saints, la Vierge et Dieu par piété. »
> Despréaux.

On pourrait faire remonter à l'année 1313 les premiers essais de ces sortes de représentations publiques; mais alors elles n'étaient pas ordinaires. Il y en eut, par exemple, à l'époque où furent reçus chevaliers les trois fils de Philippe-le-Bel, Louis-le-Hutin, Philippe-le-Long et Charles-le-Bel. Si l'on voulait en montrer des traces plus anciennes, on les trouverait en 1179. Un moine, nommé Geoffroi, qui, depuis, fut abbé de Saint-Alban en Angleterre, chargé de l'éducation de plusieurs jeunes gens, leur faisait alors représenter avec appareil des espèces de tragédies pieuses, dont la première avait pour sujet les miracles de sainte Catherine. On doit présumer que, dans ce drame, régnait le mauvais goût du xiie siècle.

Sous le règne de saint Louis, dit Duclos (1), les *jongleurs* ou *ménétriers* étaient en assez grand nombre pour mériter un article particulier dans un tarif que ce prince fit faire pour régler les droits de péage à l'entrée de Paris.

Ces jongleurs ou comédiens se fixèrent d'abord dans le bourg de Saint-Maur-des-Fossés; ils y dressèrent un théâtre, et représentèrent des scènes dont le sujet était la Passion de Notre-Seigneur Jésus-Christ. Le prévôt de Paris, par ordonnance du 3 juin 1398, fit défense aux habitants de Paris de se rendre à ce spectacle sans une permission expresse du roi. Les confrères s'en plaignirent à Charles VI, qui, après avoir assisté à leurs représentations, leur permit, par lettres-patentes du 4 novembre 1402, de continuer leurs représentations dans Paris et dans les environs de cette ville. Ils commencèrent, en conséquence, à jouer leurs mystères, à certaines heures, dans différentes mai-

---

(1) Dans son *Mémoire sur les Jeux scéniques*, t. XVII des *Mémoires de l'Académie des Inscriptions et Belles-Lettres*.

sous; puis, ayant pris le titre de *Confrères de la Passion*, ils établirent leur théâtre dans une salle de l'hôtel de la Trinité, rue Saint-Denis, au coin de la rue Grenetat. Cette salle avait 21 toises de longueur sur 6 toises de largeur.

Les confrères y représentaient des pièces appelées *Mystères, Moralités*. Dans ces compositions dramatiques, aucune règle n'était observée; elles offraient une suite de scènes calquées sur les Évangiles, sur les Actes des apôtres et sur la vie de quelques saints, écrites en vieux français rimé, et où se trouvaient, parmi des expressions grossières et ridicules, des passages dont l'indécence était d'autant plus révoltante, qu'ils s'appliquaient à des choses vénérées.

Néanmoins, ce spectacle protégé fit fortune à Paris, et les curés des paroisses de cette ville, afin d'en faire jouir leurs paroissiens et d'en jouir eux-mêmes, avancèrent complaisamment l'heure des vêpres.

Les représentations se donnaient les jours de dimanches et de fêtes; elles commençaient à une heure après midi, et se terminaient à cinq heures. Le prix des places était de 2 sous par personne.

Quelquefois les confrères de la Passion donnaient leurs spectacles hors du lieu accoutumé.

En 1442, par exemple, pendant que Paris était occupé par les Anglais, la reine et le roi d'Angleterre firent jouer sur le théâtre de l'hôtel de Nesle, faubourg Saint-Germain, *le Mystère de la Passion de saint Georges*.

Depuis cette époque, le goût pour les représentations théâtrales, rapidement propagé, devint bientôt un besoin, qui fit multiplier les salles de spectacle et varier les sujets représentés sur la scène. Outre le théâtre des confrères de la Passion, on en vit s'élever plusieurs autres. Les clercs de la basoche en établirent un au Palais-de-Justice, et les clercs du Châtelet imitèrent ceux du parlement. Plusieurs colléges de Paris élevèrent aussi des théâtres, où figurèrent les professeurs et les écoliers. Il en fut établi jusque sous les halles de Paris.

François Ier accorda, en 1518, aux confrères de la Passion la confirmation de leurs priviléges ; mais, forcés de quitter l'hôtel de la Trinité, en 1540, époque où le parlement destina ce bâtiment à l'éducation des orphelins, ils allèrent s'établir à l'hôtel de Flandre, situé entre les rues Plâtrière, Coq-Héron, des Vieux-Augustins et Coquillière. Ce fut dans ce nouveau local qu'ils firent jouer, en 1542, le *Mystère de l'Ancien-Testament*, pièce qui détermina le parlement de Paris à en suspendre la représentation, à cause des licences trop grandes qu'on y prenait. On voit, dans les registres de cette cour que, le 27 juillet de la même année, les confrères vinrent demander la permission de continuer leurs représentations. Le parlement rejeta sans doute leur demande, puisqu'ils la portèrent au roi, qui, par lettres-patentes, leur accorda la permission.

Le parlement, obéissant aux lettres-patentes, autorisa cette continuation ; mais, en même temps, il rendit un arrêt par lequel il prescrivit aux comédiens « d'en user bien et duement,
« sans y user d'aucune fraude, ni interposer
« choses profanes, lascives et ridicules. »

Dans cet arrêt, nous trouvons déjà quelques articles réglementaires que voici : « Pour l'en-
« trée du théâtre, ils ne prendront que deux
« sous par personne; pour le louage de chaque
« loge, durant ledit mystère, que trente escus :
« n'y sera procédé qu'à jours de festes non so-
« lennelles ; commenceront à une heure après
« midi ; finiront à cinq ; feront en sorte qu'il
« ne s'ensuive ni scandale ni tumulte ; et, à
« cause que le peuple sera distrait du service

« divin, et que cela diminuera les aumônes, ils
« bailleront aux pauvres la somme de dix mille
« livres tournois, sauf à ordonner plus grande
« somme (1). »

En 1547, Henri II, par lettres-patentes du 20 septembre, ordonna la démolition de l'hôtel de Flandre et de plusieurs autres hôtels. Les confrères de la Passion furent alors obligés de transférer leur théâtre ailleurs. On ignore où ils s'établirent jusqu'en 1548, époque où ils acquirent une portion de l'hôtel de Bourgogne, que le roi avait aussi mis en vente. Le contrat est du 17 novembre de cette année. Dans le même mois, ils crurent devoir demander au parlement la permission de continuer leurs représentations et la confirmation de leurs priviléges.

Cette cour confirma et autorisa leur spectacle, à cette condition remarquable, qui change entièrement son caractère original :

« Il est défendu aux confrères de jouer les
« mystères de la Passion de Notre-Seigneur, ni
« autres mystères sacrés, sous peine d'amende

---

(1) Registres manuscrits du Parlement, du 27 janvier 1541.

« arbitraire ; leur permettant, néanmoins,
« de pouvoir jouer autres mystères profanes,
« honestes et licites, sans offenser ni injurier
« aucunes personnes ; et défend ladite cour, à
« tous autres, de représenter, dorénavant, au-
« cuns jeux ou mystères, tant en la ville, fau-
« bourg et banlieue de Paris, sinon sous le nom
« de ladite confrérie et au profit d'icelle (1). »

Peu d'années après cet arrêt, les confrères de la Passion louèrent leur théâtre à une troupe de comédiens ambulants, nommés les *Enfants sans souci*, qui avaient déjà joué la comédie à Paris, et même sur le théâtre des confrères. Ceux-ci se réservèrent alors, pour eux et pour leurs amis, deux loges, qui ont long-temps porté le nom de *loges des maîtres*.

Comme il n'était plus permis aux confrères, ni à ceux qui les remplaçaient sur leur théâtre, de puiser dans l'Ancien et dans le Nouveau-Testament la matière de leurs drames, ils exploitèrent une autre carrière, et les vieux romans de chevalerie furent pour eux une mine féconde.

René Benoît, curé de Saint-Eustache, au-

---

(1) Registres civils manuscrits du Parlement, du 17 septembre 1548.

teur de plusieurs pamphlets fanatiques, dès l'an 1570, vécut long-temps en mauvaise intelligence avec ses paroissiens, les *doyens et maîtres de la Passion de notre Sauveur*. Il présenta contre eux une requête dont l'objet ne fut point accueilli au parlement; ensuite, il suscita contre eux des commissaires du Châtelet, qui leur firent défense d'ouvrir les portes de leur théâtre avant que les vêpres fussent achevées.

Le 5 novembre 1574, les maîtres de la Passion présentèrent une requête au parlement, dans laquelle ils se plaignaient de l'animosité de ce curé et de l'injustice du réglement qui rendait leur privilége illusoire et sans effet. « Il « serait impossible, disaient-ils, étant les jours « courts, de vaquer à leurs jeux, pour les pré- « paratifs desquels ils auraient fait beaucoup de « frais, outre la somme de cent écus de rente « qu'ils paient à la recette du roi pour le logis, « et trois cents livres tournois de rente qu'ils « baillent aux enfants de la Trinité, tant pour « le service divin et d'autres nécessités pour les « pauvres. » Ils demandent la permission d'ouvrir leur théâtre à trois heures de l'après midi, comme à l'ordinaire, heure à laquelle les vêpres doivent être dites. La cour leur accorda leur demande (1).

Le fatal privilége des confrères de la Passion continuait à exister dans toute sa plénitude, et le parlement l'opposait sans cesse aux troupes de comédiens qui tentaient d'établir des théâtres.

En 1570, un nommé Albert Ganasse vint à Paris, et y établit le théâtre italien, sans être autorisé par le parlement. Il jouait avec ses compagnons des comédies et même des tragédies. Le procureur-général s'en plaignit, le 15 septembre 1570, et se récria surtout de ce que ce chef de troupe exigeait quatre, cinq et jusqu'à six sous par personne, *sommes excessives et non accoutumées,* dit-il dans son réquisitoire. Chaque place ne coûtait alors, comme nous l'avons dit, que deux sous.

Ganasse obtint du roi des lettres-patentes, qui autorisèrent son spectacle.

Une autre troupe d'Italiens parut, à Paris, à la fin de l'année 1576; mais les doyens et maîtres de la Passion s'en plaignirent au parlement, et, quoique ces Italiens eussent été autorisés

---

(1) Registres manuscrits du Parlement, du 5 novembre 1575.

par le prévôt de Paris, cette cour fit fermer leur spectacle (1).

L'année suivante, Henri III fit venir de Venise des comédiens italiens appelés *gli Gelosi*, qui jouèrent sur le théâtre de Bourbon, près le Louvre. L'ouverture en fut faite le dimanche 19 mai 1577; ils prenaient quatre sous par tête. « Il y avait tel concours, dit l'Estoile, que les « quatre meilleurs prédicateurs de Paris n'en « avaient pas tous ensemble autant quand ils « prêchaient. »

Le parlement ordonna, le 22 juin suivant, aux *Gelosi* de cesser leurs jeux, parce que, dit le même écrivain, ces comédiens *n'enseignaient que paillardises* (2).

Alors les *Gelosi* obtinrent des lettres-patentes du roi, qui autorisèrent leur spectacle; mais le parlement refusa de les enregistrer, et leur fit défense, par arrêt du 26 juillet 1577, d'obtenir ni de présenter à la cour de pareilles lettres, sous peine de dix mille livres d'amende. Cette peine menaçante n'empêcha point ces

---

(1) Registres manuscrits du Parlement, du 5 décembre 1576.

(2) *Journal de Henri III*, février, 19 mai et 26 juin 1577.

comédiens de rouvrir leur théâtre. Au mois de septembre suivant, en vertu d'une jussion expresse du roi, ils continuèrent leurs représentations sur le théâtre de l'hôtel de Bourbon. L'Estoile, qui fournit ces détails, ajoute cette réflexion : « La corruption de ce temps estant « telle, que les farceurs, bouffons, put... et mi- « gnons avaient tous crédit auprès du roi. (1). »

On vit ensuite de temps en temps s'établir de nouveaux théâtres; mais fermés par les priviléges des doyens et maîtres de la Passion, priviléges toujours respectés par le parlement, ils n'eurent qu'une existence temporaire. Tel fut le sort du théâtre de l'hôtel de l'abbé de Cluni, rue des Mathurins, qui fut fermé le 6 octobre 1584.

En 1595, des comédiens vinrent dresser un théâtre dans la foire Saint-Germain. Bientôt les maîtres de la Passion, armés de leurs priviléges exclusifs, firent suspendre leurs jeux. Cependant cette foire était un lieu de franchise, un lieu privilégié, et on vit alors un privilége aux prises avec un privilége. La décision était embarrassante; on prit un terme moyen. Une

---

(1) *Journal de Henri III*, 27 juillet 1577.

sentence du tribunal civil, du 5 février 1596, maintint le théâtre de la foire, à condition que les nouveaux comédiens paieraient, chaque année qu'ils joueraient, aux maîtres de la Passion la somme de deux écus. Ainsi on vit la foire Saint-Germain avoir sa salle de spectacle, et offrir le premier exemple, à Paris, d'un *théâtre forain.*

En 1600, les comédiens italiens jouèrent sur un théâtre établi rue de la Poterie, hôtel d'Argent, entre les rues de la Tixérandrie et de la Verrerie. Plus tard, au commencement du règne de Louis XIII, il fut transféré dans la rue Vieille-du-Temple, au-dessous de l'égout de cette rue, et ce nouveau local reçut le nom de *théâtre du Marais.* Sa fermeture et la démolition eurent lieu en 1673.

En 1609, une ordonnance de police, du 12 novembre, fait mention de deux salles de spectacle. Elle prescrit aux comédiens de l'une et l'autre salle de finir, en hiver, leurs jeux à *quatre heures et demie du soir;*

De ne point exiger des spectateurs plus que la somme de *cinq sous* au parterre, ni plus de dix sous aux loges;

De ne représenter aucune pièce sans l'avoir

préalablement communiquée au procureur du roi, et sans l'avoir fait revêtir de son approbation (1).

Peu à peu le théâtre français commença à prendre un caractère de dignité qu'il n'avait jamais eu. On joua des comédies d'un genre un peu supérieur aux bouffonneries ordinaires ; on représentait des pièces où l'on voyait figurer les divinités de la mythologie, ce qui annonce que la scène prenait quelquefois un degré de gravité qui ne lui était pas ordinaire ; mais la farce dominait encore.

Le 30 janvier 1613, les confrères firent confirmer de nouveau leurs priviléges, et furent autorisés, suivant l'ancienne formule, à jouer *tous mystères, jeux honestes et récréatifs*, sans offenser personne, en la salle de la Passion, dite l'hôtel de Bourgogne (2).

Vers la même époque, Turlupin, Gauthier-Garguille et Gros-Guillaume, tous les trois garçons boulangers du faubourg Saint-Laurent, liés d'amitié, sans étude, mais doués d'un

---

(1) *Traité de la Police*, tome Ier, page 440.
(2) Registres manuscrits du Parlement, du 30 janvier 1613.

esprit naturel, formèrent le projet de jouer la comédie. Ils louèrent un jeu de paume, situé près de l'Estrapade, y bâtirent un théâtre, et y jouaient, depuis une heure jusqu'à deux heures, des scènes qu'on appelait des *turlupinades*, pour la somme de deux sous six deniers par personne.

Les comédiens de l'hôtel de Bourgogne, jaloux des succès de ce théâtre, se plaignirent au cardinal de Richelieu, qui fit fermer leurs jeux, et ordonna que les trois acteurs seraient admis à jouer à l'hôtel de Bourgogne, où ils obtinrent beaucoup de célébrité.

En 1618, le charlatan Tabarin établit au Pont-Neuf, du côté de la place Dauphine, le théâtre connu sous le nom de *théâtre de Tabarin*, où des scènes licencieuses furent représentées. Ces scènes devinrent, en 1634, tellement scandaleuses, que les habitants de la Cité s'en plaignirent au parlement, le 8 août de cette année. « Le nommé Montdor, est-il dit dans cette « plainte, et autres charlatans jouent des far- « ces, chantent des chansons et font autres ac- « tions méséantes et scandaleuses. » Le parlement fit droit à ces justes récriminations, et le théâtre fut fermé.

Le *théâtre d'Avenet* fut établi, en 1632, dans le jeu de paume de la Fontaine, situé rue Michel-le-Comte; on y jouait des comédies et des farces. Mais les habitants des rues Michel-le-Comte et Grenier-Saint-Lazare se plaignirent au parlement du grand nombre de carrosses qui obstruaient ces rues, de l'insolence des pages et des laquais, et des vols qu'y commettaient les filous, attirés par ce théâtre. Le parlement le fit fermer en 1633.

En 1629, le cardinal de Richelieu établit dans le Palais-Cardinal (depuis Palais-Royal), qu'il avait fait construire à grands frais, deux salles de spectacle : l'une, destinée à des spectateurs choisis, ne pouvait contenir que cinq cents personnes; l'autre, plus vaste et ouverte au public, en contenait environ trois mille. Cette dernière salle était contiguë au Palais, et située du côté de la rue des Bons-Enfants; elle fut consumée par un incendie, le 6 avril 1763. On ne jouait sur ce théâtre que des tragédies, des tragi-comédies, des comédies héroïques, qu'étaient chargés de composer Pierre Corneille, Rotrou, de l'Estoile, Bois-Robert, Colletet, l'abbé Desmarest, etc. En 1636, on y avait joué la tragédie du *Cid*, et, en 1639, les

Horaces et *Cinna*. Ainsi ce théâtre, favorisé par un puissant protecteur, fut presque en même temps le berceau et le char triomphal de la tragédie.

Sous le règne de Louis XIV, Paris vit se former plusieurs théâtres, tels que celui de *Montpensier*, établi, en 1661, dans la rue des Quatre-Vents, faubourg Saint-Germain.

En 1662, le roi accorda au sieur Raisin, organiste à Troyes, la permission de jouer la comédie à la foire Saint-Germain, et de prendre le titre de *troupe du Dauphin*. Raisin étant mort en 1664, sa veuve maintint son spectacle. Baron fit partie de ses acteurs. Mais, Molière ayant obtenu un ordre du roi qui obligeait Baron à se réunir à la troupe royale, celle de Raisin tomba en décadence.

Diverses troupes de comédiens occupèrent alors le théâtre de l'hôtel de Bourgogne. Cependant les confrères de la Passion conservaient toujours sur ce théâtre leur prééminence et leurs anciens droits, dont l'exercice était une source de querelles entre eux et les comédiens. Un édit de décembre 1676, enregistré au parlement le 4 février 1677, mit fin à ces tracasseries; il supprima la confrérie de la Passion, et unit ses revenus à l'hôpital général, pour être employés à la nourriture et à l'entretien des Enfants-Trouvés.

Ainsi fut anéanti, pour ne plus renaître, cette antique confrérie de comédiens, dont le théâtre fut le berceau de la scène française.

Les comédiens italiens, que le cardinal Mazarin avait fait venir à Paris vers 1659, s'installèrent alors dans ce théâtre; mais, au mois de mai 1697, un ordre du roi le fit fermer et apposer les scellés sur toutes ses portes. On était sur le point de donner au public une pièce intitulée *la Fausse Prude*. La dame de Maintenon se crut désignée sous ce titre, et la disgrâce des comédiens fut résolue.

Vers la même époque, *Molière* tira la scène comique de l'état d'obscurité et d'abjection où elle avait toujours croupi avant lui. Aux grossières bouffonneries, aux farces licencieuses, succéda la vraie comédie, soumise à des règles certaines, la comédie à caractère.

Molière joua d'abord dans un théâtre qu'il avait fait dresser dans le jeu de paume de la Croix-Blanche, rue de Bussy, faubourg Saint-Germain, et auquel il avait donné le titre de *théâtre illustre*. Après y avoir joué pendant trois ans, il parcourut avec sa troupe les provinces, et revint à Paris en 1658. Le 24 octobre de cette année, Molière débuta avec sa troupe sur un théâtre dressé au Louvre dans la salle des Gardes, en présence de Louis XIV, par *Nicomède* et *les Docteurs amoureux*.

Le roi, satisfait des acteurs, leur accorda le théâtre de l'hôtel du Petit-Bourbon, situé près du Louvre, du côté de Saint-Germain-l'Auxerrois, et qui avait été établi dans l'ancien hôtel du connétable de Bourbon. Les princes et Louis XIV lui-même, dans sa jeunesse, étaient venus danser publiquement sur ce théâtre, où la cour donnait des fêtes et des ballets. Après la démolition de cet hôtel en 1660, nécessitée par l'agrandissement de la place du Louvre et la construction de la façade du palais, Louis XIV accorda le théâtre du Palais-Royal à la troupe de Molière, qui y débuta le 5 novembre de cette année.

Louis XIV, après ce bienfait, gratifia Molière d'une pension de six mille livres, et voulut qu'il fût le chef de sa troupe. Molière remontra au roi qu'il aimait mieux être l'ami de ses camarades que de risquer, en devenant leur supérieur, de les avoir pour ennemis. La pension fut donnée à la troupe entière, qui prit le titre de *Troupe royale*.

Ce théâtre, déjà illustré par les productions immortelles des Corneille, des Racine, et en même temps par les talents alors extraordinaires des acteurs Montfleuri, Le Noir de La Thorillière, La Tuillerie, Baron, etc., se soutint avec un éclat toujours croissant jusqu'à la mort de Molière, qui arriva le 17 février 1673.

Cet événement et la nouvelle destination du théâtre du Palais-Royal, que l'on consacra à un nouveau genre de spectacle appelé *opéra*, dont nous parlerons bientôt, affligèrent et déconcertèrent la troupe royale, qui se vit réduite à chercher, dans différents quartiers de Paris, un lieu convenable à ses représentations. On voit qu'en novembre de la même année 1673, elle jouait dans un local de la rue Mazarine, et sans doute dans la salle du jeu de paume du *Bel-Air*, où l'opéra avait pris naissance.

Bientôt après, la troupe royale éleva un théâtre dans le voisinage, rue Guénégaud, dans l'hôtel de ce nom, et y débuta par la tragédie de *Phèdre* et *le Médecin malgré lui*.

Lorsqu'en 1674, on s'occupa de l'agrégation du collége de Mazarin au collége de l'Université, les docteurs de Sorbonne exigèrent, comme condition préliminaire, que le théâtre de la rue Guénégaud fût transféré ailleurs. Voici ce que nous trouvons à ce sujet dans un ouvrage du temps : « Les comédiens marchandèrent des « places dans cinq ou six endroits. Partout où « ils allaient, c'était merveille d'entendre comme « les curés criaient. Le curé de Saint-Germain-« l'Auxerrois obtint qu'ils ne seraient point « à l'hôtel de Sourdis, parce que, de leur « théâtre, on aurait entendu les orgues de l'é-« glise, et de leur église on aurait parfaitement « bien entendu les violons. Le curé de Saint-« André-des-Arcs, ayant su qu'ils songeaient à « s'établir rue de Savoie, vint trouver le roi, « et lui représenta qu'il n'y avait bientôt plus « dans sa paroisse que des aubergistes et des co-« quetiers, et que, si les comédiens y venaient, « son église serait déserte.

« Les Grands-Augustins présentèrent aussi « leur requête; mais on prétend que les comé-« diens dirent à Sa Majesté que ces mêmes Au-« gustins, qui ne voulaient point de leur voisi-« nage, étaient fort assidus spectateurs de la « comédie, qu'ils avaient offert à vendre à la « troupe des maisons qui leur appartenaient

« dans la rue d'Anjou, pour y bâtir un théâtre,
« et que le marché se serait conclu si le lieu
« avait été commode. L'alarme fut grande dans
« tout le quartier, et les comédiens eurent dé-
« fense de bâtir dans la rue de Savoie.....

« Si on continue à les traiter comme on fait,
« écrivait Boileau à Racine, il faudra qu'ils ail-
« lent s'établir entre la Villette et la porte Saint-
« Martin ; encore ne sais-je s'ils n'auront point
« sur les bras le curé de Saint-Laurent. » Ra-
« cine lui répondit : « Ce serait un digne théâ-
« tre pour les œuvres de Pradon (1). »

Malgré ces plaintes et ce concert de réprobation, la troupe royale se maintint dans l'hôtel Guénégaud, et le roi, par ses lettres-patentes du 22 octobre 1680, réunit à cette troupe les comédiens français de l'hôtel de Bourgogne. L'année suivante, un réglement fixa le sort de ces artistes.

La troupe, par cette réunion, devenue nombreuse, chercha un emplacement plus spacieux que celui de l'hôtel Guénégaud ; elle acheta,

---

(1) *Galerie de l'ancienne Cour, ou Mémoires et Anecdotes pour servir à l'histoire des règnes de Louis XIV et de Louis XV*, tom. II, pag. 390 et suiv.

dans la rue des Petits-Champs, l'hôtel de Lussan avec une maison voisine; mais le roi annula cette acquisition, et autorisa, par arrêt de son conseil, du 1er mars 1688, les comédiens français à s'établir dans le jeu de paume de *l'Etoile*, rue des Fossés-Saint-Germain. Ils y firent construire une salle sur les dessins de François d'Orbai, ainsi qu'une maison contiguë, dont ils avaient aussi acquis l'emplacement. Cette troupe, sous le titre de *Comédiens ordinaires du roi*, resta dans cette salle jusqu'en 1770, époque à laquelle l'insuffisance et le peu de solidité du bâtiment l'obligèrent à quitter ce lieu pour aller jouer provisoirement sur le théâtre du château des Tuileries, en attendant la construction d'une nouvelle salle, qui eut enfin lieu, en 1779, sur l'emplacement de l'hôtel de Condé, et fut ouverte au public, en 1782, sous le titre de Théâtre-Français, auquel ont succédé plusieurs autres. En 1779, ce nouveau théâtre fut détruit par un incendie, et les comédiens du Théâtre-Français s'établirent dans le *théâtre des Variétés,* rue de Richelieu, dont nous parlerons plus bas, et où ils sont restés jusqu'aujourd'hui.

Un acte important de Louis XIV fut encore

la fondation de l'Opéra. L'abbé Pierre Perrin, les maîtres de la musique de la reine, Lambert et Cambert, conçurent le projet de donner des *opéras* français. Ils hasardèrent la représentation d'une pastorale, qui, en 1659, fut jouée à Issy. Le roi y assista, et la pièce obtint son suffrage; elle fut aussi jouée à Vincennes, où les auteurs reçurent du cardinal Mazarin plusieurs encouragements. La mort de ce cardinal, protecteur de l'opéra, fit interrompre les représentations; mais, après un intervalle de quelques années, elles furent reprises avec plus de succès.

L'abbé Perrin parvint à obtenir, en juin 1669, le privilége d'établir des *opéras* à Paris et dans les autres villes du royaume. Il composa avec ses associés la pièce de *Pomone*, qui, long-temps répétée dans la grande salle de Nevers, fut enfin jouée, au mois de mars 1671, dans le jeu de paume du *Bel-Air*, rue Mazarine, vis-à-vis celle Guénégaud.

Les trois entrepreneurs, manquant de machinistes, s'étaient associé le marquis de Sourdeac, renommé par ses connaissances en ce genre. Comme ce marquis avait fait plusieurs avances de fonds, il s'empara, pour se récupé-

rer, de toute la recette produite par l'opéra de *Pomone*. Grands débats entre l'abbé et le marquis. Le musicien Jean-Baptiste Lulli, surintendant de la musique de la chambre du roi, ce Florentin dont La Fontaine a peint le caractère rapace, profita de cette altercation pour solliciter le privilége accordé à l'abbé Perrin. Il réussit, et Louis XIV, par ses lettres-patentes du mois de mars 1672, permit à Lulli « d'é-
« tablir, y est-il dit, *une Académie royale de*
« *musique* dans notre bonne ville de Paris.....
« pour y faire des représentations devant nous,
« quand il nous plaira, des pièces de musique
« qui seront composées, tant en vers français
« qu'autres langues étrangères... pour en jouir
« sa vie durante... et pour le dédommager des
« grands frais qu'il conviendrait faire pour les-
« dites représentations, tant à cause des théâ-
« tres, machines, décorations, habits, qu'au-
« tres choses nécessaires, nous lui permettons
« de donner au public toutes les pièces qu'il
« aurait composées, *même celles qui auront été*
« *représentées devant nous.....* faisant très ex-
« presse inhibition et défense à toutes person-
« nes, de quelque qualité et condition qu'elles
« soient, même aux officiers de notre maison,

« *d'y entrer sans payer*, comme aussi de faire
« chanter aucune pièce entière en musique,
« soit en vers français ou autres langues, sans
« la permission par écrit du sieur Lulli, à peine
« de dix mille livres d'amende, et confiscation
« des théâtres, machines, décorations, habits et
« autres choses..... et, d'autant que nous l'éri-
« geons sur le pied de celles des académies d'I-
« talie, où les gentilshommes *chantent publi-*
« *quement en musique sans déroger*, voulons
« et nous plaist que tous gentilshommes et da-
« moiselles, *puissent chanter auxdites pièces*
« *et représentations de notre Académie royale,*
« *sans que pour ce ils soient censés de déroger*
« *audit titre de noblesse et à leurs priviléges.* »
Par ces mêmes lettres, le roi révoque et an-
nule le privilége qu'il avait accordé au sieur
Perrin (1).

Lulli établit d'abord son théâtre au jeu de
paume du *Bel-Air*, et en fit l'ouverture par
les Fêtes de l'Amour et de Bacchus, spectacle
où l'on vit danser plusieurs seigneurs de la
cour.

---

(1) *Histoire de Paris*, par Félibien ; preuves, tom. IV,
pag. 226.

Après la mort de Molière, en 1673, le roi donna, comme nous l'avons déjà dit, le théâtre du Palais-Royal, qu'occupait la troupe de ce célèbre comique, à l'Académie royale de musique. Elle y resta jusqu'en 1763, où ce théâtre fut la proie d'un incendie.

Les acteurs, fort en peine pour trouver un théâtre, demandèrent aux Italiens d'occuper le leur pendant trois jours de la semaine. Ne pouvant rien conclure avec eux, ils se décidèrent à faire réparer la salle des machines du château des Tuileries, où ils débutèrent, le 24 janvier 1764, par la pièce de *Castor et Pollux*. Le roi, par lettres-patentes du 11 février de la même année, donna une décision qui fixa le rétablissement du nouveau théâtre de l'Opéra. Alors commencèrent, d'après les dessins de Moreau, architecte, les travaux de cette reconstruction, sur le même lieu et sur un plan vaste. Ces travaux furent terminés en 1770, et, le 2 janvier de cette année, la nouvelle salle fut ouverte au public, qui s'y porta avec une affluence extraordinaire. L'opéra y prit un nouvel essor, par les talents remarquables qui y brillaient. Voltaire en fit ainsi l'éloge vers ce temps :

« Il faut se rendre à ce palais magique
« Où les beaux vers, la danse, la musique,
« L'art de charmer les yeux par les couleurs,
« L'art plus heureux de séduire les cœurs,
« De cent plaisirs font un plaisir unique. »

Le 8 avril 1781, le théâtre de l'Opéra, contigu au Palais-Royal, devint, pour la seconde fois, la proie des flammes. On s'occupa aussitôt de la construction d'une salle provisoire. Le sieur Lenoir, architecte, en fut chargé. On choisit, après plusieurs hésitations, un emplacement près de la porte Saint-Martin, où s'élevait autrefois le magasin de la ville. Dans l'espace de soixante-quinze jours, le théâtre fut entièrement terminé, et les acteurs y jouèrent jusqu'en 1793, où ils le quittèrent pour aller établir leur spectacle dans la nouvelle salle élevée rue Richelieu, vis-à-vis la Bibliothèque royale, et dont nous parlerons plus bas.

Théâtre des Italiens. Après avoir été expulsés par Louis XIV, en 1697, les comédiens italiens furent rappelés, en 1716, par le duc d'Orléans, régent. Ils s'établirent dans l'ancien hôtel de Bourgogne, et y débutèrent, le 18 mai, par une pièce intitulée l'*Inganno Fortunato*. Le théâtre des Italiens, qui jouissait des priviléges accordés aux comédiens du roi, fut, en 1762, réuni à celui de l'Opéra-Comique. Cette réunion, après de longs délais et de graves discussions, fut arrêtée le 7 mars de cette année, et, le 9 avril suivant, les deux troupes réunies jouèrent sur le même théâtre la pièce des *Trois Sultanes*. Ces deux troupes attirèrent la foule; leur spectacle fut le plus fréquenté de Paris. En 1780, il n'y eut plus d'Italiens dans cette troupe, qui, cependant, continua de porter le nom de *Comédie-Italienne*.

Théâtre de l'Opéra-Comique. Ce n'était qu'un spectacle forain, établi sur le boulevard du nord et à la foire Saint-Germain. Son origine remonte à l'an 1714. Ce théâtre, qui avait éprouvé beaucoup de persécutions de la part des théâtres supérieurs, et qui, pour échapper à leur tyrannie, opposait toujours de nouvelles ruses, obtint en cette année le titre d'Opéra-Comique; et l'Académie de musique lui accorda la permission de jouer de petites pièces en vaudeville mêlées de danse, à condition qu'aucune parole n'y serait proférée qu'en chantant.

Ce spectacle, conforme au goût du temps, offrait des scènes gracieuses, spirituelles ou bouffonnes, qui ravissaient la multitude. Les comédiens français, jaloux de sa prospérité, se prévalurent de leurs priviléges, et parvinrent à ôter la parole aux acteurs de l'Opéra-Comique. Ceux-ci ne purent plus jouer que des pantomimes. Ce genre de spectacle attirait encore beaucoup de spectateurs. Les comédiens français se plaignirent encore de nouveau, et, en 1718, ce spectacle fut supprimé. Il se releva en 1724, se maintint jusqu'en 1745, époque où il fut encore puni de ses succès. En 1751, ce spectacle reparut et acquit une grande vogue, sous la direction du sieur Monet. En 1762, il fut réuni aux comédiens privilégiés, en l'hôtel de Bourgogne, dits les Italiens. Depuis, la comédie purement italienne, qui se jouait à certain jour de la semaine, ne put se soutenir malgré les talents distingués des arlequins Thomassin et Carlin, et perdit insensiblement faveur. Le genre de l'Opéra-Comique prévalut, et, plus tard, il domina seul sur ce théâtre, qui fut abandonné par les Italiens.

La troupe, mécontente de son théâtre qui tombait en ruine, décida de faire construire une nouvelle salle sur l'emplacement de l'hôtel Choiseul, situé sur le boulevard. Les travaux, commencés en 1781, sur les dessins de Heurtier, architecte, furent terminés en 1783. On y joua jusqu'en 1801, où la troupe de l'Opéra-Comique de Favart se réunit à celle de la rue Feydeau.

Ambigu-Comique, théâtre situé boulevard du Temple. Le sieur Audinot, après avoir été acteur dans la troupe des Italiens, par la réunion de cette troupe avec celle de l'Opéra-Comique, se trouva sans emploi. Après plusieurs tentatives pour mettre ses talents à profit, il éleva, au mois de février 1759, un théâtre à la foire Saint-Germain, et y attira beaucoup de monde. Il fit construire sur les boulevards une petite salle, dont l'ouverture eut lieu le 9 juillet suivant. Ce spectacle, dont les acteurs étaient des marionnettes, fut nommé les *Comédiens de bois.* Audinot obtint des succès qui le mirent à même de faire construire une jolie salle de spectacle sur le boulevard du Temple, et, au lieu de marionnettes, il y fit jouer des enfants.

Ce spectacle nouveau attira la foule, au préjudice des comédiens français, qui élevèrent des plaintes fréquentes contre le théâtre d'Audinot.

« Chez Audinot, l'enfance attire la vieillesse. »
                                            DELILLE.

En 1768, une sentence de police lui ordonna, ainsi qu'aux autres théâtres forains, de ne jouer que des bouffonneries et des parades.

L'Opéra ayant obtenu, en 1784, un arrêt du conseil qui lui accordait les priviléges de tous les petits théâtres, pour les exercer ou les faire exercer à son gré, les sieurs Gaillard et d'Orfeuille se firent adjuger la direction des théâtres des Variétés et de l'Ambigu-Comique. Audinot ne resta pas tranquille; il s'éleva entre les théâtres forains une guerre, excitée et fomentée par les administrateurs de l'Opéra, qui exerçaient un empire tyrannique sur les spectacles qui leur étaient subordonnés. Cette guerre dura pendant les années 1784 et 1785. Audinot, contraint d'abandonner son théâtre, en dressa un nouveau au bois de Boulogne. Au mois d'octobre de cette dernière année, grâce au changement du lieutenant de police, Audinot fut réintégré dans son théâtre, et s'y maintint.

Théâtre de Nicolet ou des grands danseurs, plus tard *théâtre de la Gaîté*, boulevard du Temple. Ce théâtre s'établit, en 1760, dans les foires Saint-Germain et Saint-Laurent; on y représentait des danses, des tours de force et des danses sur la corde, auxquels on joignit bientôt de petites pièces comiques. Les succès de ce théâtre et les traits licencieux dont ses pièces étaient assaisonnées attiraient une grande affluence, et excitaient la jalousie des comédiens puissants, et surtout des directeurs de l'Opéra, qui, en 1769, firent interdire la parole aux acteurs de Nicolet, et les réduisirent à jouer des pantomimes; mais cet ordre rigoureux ne fut pas long-temps en vigueur, et Nicolet continua à donner au public des scènes dialoguées.

Théâtre des Variétés amusantes, situé sur le boulevard du Temple, au coin de la rue de Bondy. Le sieur l'Écluse, fameux sur les théâtres forains, après avoir établi ses tréteaux à la foire, protégé par le lieutenant de police Lenoir, fit construire, en 1778, sur le boulevard du Temple, un théâtre qui fut ouvert le 12 avril 1779. Les succès immenses de ce théâtre excitèrent la jalousie du Théâtre-Français, qui, en 1785, en attaqua les directeurs par un mémoire auquel ceux-ci répondirent vivement. Protégé par le duc de Chartres et par le lieutenant de police Lenoir, le spectacle des Variétés amusantes sortit de la classe des spectacles forains, et, prétendant à la dignité de second Théâtre-Français, il vint s'établir dans le centre de la capitale, au Palais-Royal, où, en 1786, on lui fit construire une salle provisoire sur l'emplacement du parterre d'Énée, en attendant l'achèvement d'une salle plus solide et plus convenable. La construction de cette dernière salle, commencée en 1787, fut achevée en 1790, et prit, en 1791, le titre de Théâtre-Français de la rue de Richelieu. La troupe des Variétés y resta jusqu'en 1799, époque où les comédiens français, après l'incendie de leur théâtre du faubourg Saint-Germain, vinrent l'occuper pour y rester jusqu'à nos jours. La salle du boulevard Saint-Martin fut démolie, et on y établit une manufacture de papier.

Théâtre de Monsieur, plus tard *théâtre Feydeau*. Il fut construit, pendant les années 1789, 1790, par les sieurs Legrand et Molinos, architectes. Il était destiné à une troupe venue d'Italie, qui, en 1789, arriva à Paris, sous la protection de Monsieur, frère du roi, et débuta dans la salle de spectacle du château des Tuileries par un opéra-bouffon italien. Cette troupe, qui avait l'espérance de jouir pendant trente ans de son privilége, fut désappointée par l'événement politique des 5 et 6 octobre 1789, qui obligea Louis XVI à occuper les Tuileries. Ces bouffons, forcés de déménager, s'établirent à la foire Saint-Germain dans la salle de Nicolet, en attendant la construction du théâtre de Monsieur, qu'on leur destinait. Ce théâtre ayant été achevé à la fin de l'année 1790, ils y débutèrent le 6 janvier 1791.

Théâtre de Beaujolais, situé d'abord au Palais-Royal, à l'extrémité septentrionale de la galerie qui avoisine la rue Montpensier, puis sur le boulevard. Ce théâtre fut, le 23 octobre 1784, ouvert au public pour la première fois. Il faut dire quelle espèce d'acteurs figurèrent d'abord sur ce théâtre : ils étaient de bois; des mains invisibles les faisaient mouvoir, tandis que des acteurs vivants, cachés dans les coulisses, parlaient pour eux. On permit sans difficulté le spectacle de ces grandes marionnettes; mais les directeurs sortirent bientôt des bornes qui leur étaient prescrites : ils introduisirent des acteurs enfants de la hauteur de ces marionnettes, qui dialoguaient avec elles sur ce théâtre. Bientôt, les acteurs en nature remplacèrent totalement les acteurs de bois. Aux acteurs enfants, il s'en joignit de plus grands, qui représentaient de petites comédies et des opéras comiques; mais ils se bornaient à la pantomime, tandis que de la coulisse d'autres acteurs parlaient et chantaient pour eux. Par la simultanéité des gestes de l'un et la voix de l'autre, l'illusion était complète. Cette licence fut réprimée, et l'on enjoignit aux directeurs de n'employer qu'un seul acteur pour le même rôle. Alors ce que ce spectacle avait de piquant et de singulier s'évanouit; il cessa d'attirer la foule.

En octobre 1770, le théâtre de Beaujolais fut cédé à la demoiselle de Montansier, dont nous allons parler, et les directeurs de Beaujolais vinrent en établir un autre sur le boulevard.

Théâtre de la demoiselle de Montansier, situé au Palais-Royal, à l'ancienne salle Beaujolais. La demoiselle de Montansier, directrice du théâtre de Versailles, lorsque Louis XVI vint, en octobre 1789, habiter les Tuileries, déclara, à l'instar de l'Assemblée nationale, *qu'elle était inséparable de Sa Majesté;* en conséquence, elle vint établir son théâtre à Paris, prit des arrangements avec les directeurs de Beaujolais, leur fit un procès qu'elle gagna, et occupa leur théâtre, qu'elle fit réparer et agrandir.

On joua avec succès l'opéra-comique et la comédie. Les directeurs du Théâtre-Français et de l'Opéra étaient alors sans force pour opposer à un pareil établissement leurs priviléges discrédités.

Sous le règne de Louis XVI, il se forma encore plusieurs petits spectacles destinés aux spectateurs de la classe inférieure; voici la notice des principaux.

Les Élèves pour la danse de l'Opéra, plus tard théâtre de Lazari, situé sur le boulevard du Temple, vis-à-vis la rue Charlot. Le sieur Teissier spécula sur les élèves du Conservatoire de l'Académie de musique, et leur fit, en 1777, construire un théâtre, qui fut ouvert au public en 1778; mais un ordre du roi, du mois de septembre 1780, en prescrivit la clôture.

Ce théâtre se releva pendant la Révolution, et, lorsque celui des *Variétés amusantes* fut érigé en Théâtre-Français, il en prit le titre. Un Italien, nommé Lazari, en devint le directeur et y jouait le rôle d'Arlequin avec un talent et une légèreté remarquables. Le 12 prairial an VI (31 mai 1798) la salle fut entièrement détruite par un incendie.

Théâtre des Menus-Plaisirs, situé à l'hôtel des Menus, construit pour les élèves du Conservatoire de l'Académie de musique.

Il fut, en 1781, après l'incendie de l'Opéra, disposé pour y faire jouer les acteurs de ce grand spectacle; mais, la scène n'étant pas assez vaste pour de si pompeuses représentations, on dut renoncer à ce projet.

Théâtre des Associés, situé sur le boulevard du Temple. L'origine de ce petit spectacle fut assez singulière. Un bateleur, dont la physionomie grotesque exprimait d'une manière hideuse, mais souvent caractéristique, les différentes sensations, acquit, sur le boulevard du Temple, le surnom de grimacier. D'abord il se montra en public monté sur une chaise, et là, il s'abandonnait à la générosité de son auditoire. Sa dernière grimace était toujours celle de la supplication, et souvent son escarcelle se trouvait remplie jusqu'au bord. Voyant qu'il avait la vogue, que la foule l'entourait, il imagina de quitter le plein air, fit construire une baraque en bois, et, au lieu de tendre la main lui-même, il força le public à venir prendre des billets à sa porte.

Cette spéculation lui réussit. Content de ses bénéfices, il céda son fonds de boutique à un entrepreneur de marionnettes; mais il mit pour condition qu'il serait toujours grimacier en chef et sans partage, et qu'il paraîtrait dans les entr'actes. C'est de là, sans doute, que vient l'origine du titre de *théâtre des Associés*.

Les marionnettes servirent bientôt de passeport à des comédiens en personne naturelle, ainsi qu'on l'annonçait autrefois sur le boulevard du Temple. Le grimacier et les marionnettes disparurent; une salle fut bâtie et ouverte vers l'année 1774.

Les comédiens y chantèrent des couplets en l'honneur du sieur Lenoir, lieutenant de police, qui avait autorisé l'ouverture dudit théâtre. Un sieur Beauvisage fut long-temps directeur de ce spectacle, dont la troupe desservait à la fois le boulevard et la foire Saint-Germain.

Au sieur Beauvisage succéda le sieur Salé, acteur, qui jouait le rôle d'Arlequin.

A l'époque de la Révolution, ce théâtre prit le nom de *théâtre Patriotique* du sieur Salé, et après la mort de ce directeur, en 1795, il fut appelé *théâtre Sans Prétention.*

Théâtre des Délassements comiques. Ce théâtre, bâti boulevard du Temple, auprès de l'hôtel Foulon, qui existe encore aujourd'hui, fut incendié en 1787, après deux ans d'existence. On songea bientôt à le relever, et l'on construisit une nouvelle salle, assez bien décorée, mais longue, étroite et peu commode. Ce théâtre était, comme tous les petits spectacles, en butte à la jalousie de ses voisins. Ayant porté plainte à M. le lieutenant de police Lenoir, il fut entravé dans ses pièces et ses acteurs. M. Lenoir rendit une ordonnance par laquelle il était enjoint au directeur du théâtre des Délassements comiques de ne représenter à l'avenir que des pantomimes; de n'avoir jamais que trois acteurs en scène, et d'élever une gaze entre eux et le public. Cette gaze fut déchirée par la Révolution.

Théâtre-Français, comique et lyrique, plus tard *théâtre des Jeunes Artistes,* situé sur le boulevard Saint-Martin, rue de Bondy. Ce spectacle fut bâti sur le même emplacement qu'avait occupé le *théâtre des Variétés amusantes.* Ce spectacle ne doit pas être rangé dans la classe des deux derniers théâtres dont nous venons de parler; son genre était plus relevé. Il fut pour la première fois ouvert au public en 1790; on y jouait des comédies et des opéras comiques.

Sous Louis XV et Louis XVI eut lieu l'établissement de beaucoup de théâtres bourgeois. La cour et Paris étaient alors possédés de la manie des spectacles; on ne donnait pas de fêtes sans y faire intervenir les décorations et des scènes théâtrales. La plupart des maisons royales étaient pourvues de théâtres, où l'on appelait à volonté les comédiens de Paris.

Les princes et les seigneurs imitèrent cet exemple; ils en eurent dans leurs maisons de ville et de campagne. Le duc d'Orléans en avait un dans sa maison de Bagnolet, fameux par les pièces nouvelles et même un peu licencieuses qu'on y donnait. On y joua pour la première fois en 1762.

Le maréchal de Richelieu avait un théâtre dans son hôtel, où, en 1762, pour la première fois fut joué *Annette et Lubin*.

La duchesse de Villeroi avait aussi dans son hôtel un théâtre; en 1767, la célèbre Clairon y joua pour la première fois.

Le baron d'Esclapon avait un théâtre au faubourg Saint-Germain, où les acteurs des Français venaient jouer.

La duchesse de Mazarin avait dans son hôtel un théâtre sur lequel, en septembre 1769, on représenta, devant la princesse Madame, *la Partie de chasse de Henri IV*. Cette pièce fut jouée par des acteurs français.

La demoiselle Guimard, danseuse de l'Opéra, célèbre par son luxe, sa maigreur, ses grâces, par quelques actes de bienfaisance et par ses amants, avait dans sa maison de campagne, à Pantin, une salle de spectacle, où fut jouée, en juillet 1772, une parade intitulée *Madame Engueule*. Elle avait un autre théâtre à Paris, dans son élégant hôtel de la Chaussée-d'Antin (1), dont l'ouverture se fit solennellement en 1772.

Les demoiselles Verrières, riches courtisanes, avaient pareillement deux théâtres, l'un à

---

(1) Cet hôtel, situé à l'entrée de la rue de la Chaussée-d'Antin, n° 9, et construit par l'architecte Ledoux, fut nommé *le temple de Terpsichore*. Après la mort de la demoiselle Guimard, il eut successivement pour propriétaires MM. Ditmer, Perregaux, Laffitte, etc., etc.

la ville et l'autre à la campagne. Ces théâtres étaient ornés avec beaucoup de faste.

Le sieur de Magnanville avait aussi dans son château de la Chevrette un vaste et superbe théâtre, où jouaient plusieurs dames de la cour.

Le prince de Condé avait un théâtre à Chantilly, etc.

Ces théâtres, dont nous ne faisons qu'indiquer ici les plus connus, et où jouaient les meilleurs comédiens des grands théâtres, occasionnaient leur absence et frustraient le public d'un plaisir qu'il payait. En décembre 1768, il fut défendu aux comédiens du roi de jouer sans permission ailleurs que sur leur théâtre. Cette défense obligea les amateurs de l'art dramatique à jouer eux-mêmes.

Dès lors la manie théâtrale s'empara d'une multitude de jeunes gens de toutes les classes; chaque quartier, chaque faubourg, dans Paris, eut sa *comédie bourgeoise,* et le nombre des salles destinées à ces spectacles gratuits alla toujours en se multipliant.

Le but caché d'un si grand nombre d'établissements de plaisir, sous Louis XV et Louis XVI, se comprend aisément; on voulait étourdir le peuple sur sa misère, l'occuper de frivolités, afin qu'il ne fît aucune attention à la scène politique où se préparaient de sérieuses péripéties

Nous voici arrivés enfin à ce grand drame politique qui fut joué sur la scène de la France, lequel renversa tous les priviléges, et en particulier ceux du Théâtre-Français et de l'Opéra. Un décret de l'Assemblée nationale, du 19 janvier 1791, proclama la liberté entière du théâtre, et l'on put jouer tout et partout. Alors un nombre prodigieux de spectacles s'établirent à Paris et prirent la couleur de l'opinion dominante. L'on usa de la permission, ou plutôt l'on en abusa, suivant l'usage. Voici la liste de ceux qui ont joué à cette époque.

Théâtre de Monsieur, rue Feydeau.

Théâtre de la Porte-Saint-Martin, servant provisoirement au spectacle de l'*Opéra*.

Théâtre-Italien, plus tard *théâtre Favart*.

Théâtre Louvois, situé rue Louvois.

Théâtre-Français, comique et lyrique, plus tard *Théâtre des Jeunes Artistes*.

Théâtre de la Nation, place de l'Odéon; plus tard l'*Odéon*, incendié deux fois et rétabli deux fois.

Théâtre des Variétés-Amusantes, aujourd'hui *Théâtre-Français.*

Théâtre du Marais, rue Culture-Sainte-Catherine, construit en 1790.

Théâtre des Menus-Plaisirs.

Théâtre d'Émulation, rue Notre-Dame-de-Nazareth.

Théâtre de la Concorde, rue du Renard-Saint-Méry.

Théâtre du Mont-Parnasse, boulevard Neuf.

Théâtre d'Audinot, Ambigu-Comique.

Théâtre des Délassements-Comiques.

Théâtre des Associés, plus tard *Théâtre-Patriotique.*

Théâtre des Élèves de Thalie.

Théâtre de Nicolet, plus tard la *Gaîté.*

Théâtre du Lycée-Dramatique, boulevard du Temple.

Théâtre du Vauxhall, boulevard Saint-Martin.

Théâtre du Cirque, Palais-Royal.

Théâtre des Variétés-Comiques, foire Saint-Germain.

Théâtre du sieur Moreau, Palais-Royal.

Théâtre de Thalie, rue Saint-Antoine.

Théâtre de la rue des Martyrs.

Théâtre de la rue Saint-Jean-de-Beauvais.

Théâtre de la rue Saint-Victor, ou *du Panthéon*, qui prit, en 1793, le nom de *théâtre Marat.*

Théâtre de la rue de Grenelle-Saint-Honoré.

Théâtre du café Yon, boulevard du Temple.

Théâtre de la rue d'Angoulême, boulevard du Temple.

Théâtre des Ombres-Chinoises, Palais-Royal. Ce petit spectacle n'a pas bronché depuis plus de cinquante ans.

Voici la liste des salles de spectacles qui ont existé, depuis la proclamation de l'entière liberté des théâtres jusqu'en 1807.

L'Opéra, ou *théâtre des Arts.* La demoiselle Montansier, directrice d'un théâtre au Palais-Royal, dont nous avons parlé plus haut, fit construire en 1793, rue Richelieu, sur les dessins de l'architecte Louis, un autre théâtre qui fut intitulé *Théâtre-National.* Elle y fit jouer des pièces nouvelles, dont le succès éveilla la jalousie. Mademoiselle Montansier, accusée d'avoir fait bâtir cet édifice en face de la Bibliothèque nationale, exprès pour incendier ce précieux dépôt, fut emprisonnée. Rendue à la liberté, elle réclama long-temps son théâtre avec une indemnité. Les débats furent terminés le 7 messidor an III (28 juin 1795). Un décret de ce jour porte que la nation française devint propriétaire de ce théâtre, moyennant la somme de huit millions en assignats. Les acteurs de l'Opéra, quittant leur salle provisoire de la Porte-Saint-Martin, qu'ils avaient occupée pendant douze ans, s'étaient établis déjà, le 28 juillet 1794, au *Théâtre-National*, intitulé alors *théâtre des Arts*.

Théâtre-Français.
Feydeau.
Favart.
Théâtre Louvois. Après avoir été fermé pendant quelque temps, il fut rouvert le 7 mai 1801. En 1803, l'Opéra-Buffa vint l'occuper, et il reçut, peu de temps après, le nom de *théâtre de l'Impératrice*, qu'il ne garda cependant pas long-temps, parce qu'il passa avec la troupe Louvois à l'Odéon, et l'Opéra-Buffa s'établit de nouveau dans la salle Louvois.

Théâtre de l'Odéon, ou *théâtre de l'Impératrice*.

Théâtre du Vaudeville, rue de Chartres-Saint-Honoré. Le décret de l'Assemblée nationale, qui proclamait la liberté des théâtres, donna à Piis et Barré l'idée d'en fonder un qui fut consacré spécialement au Vaudeville. Il fut établi dans une salle de bal, appelée Vauxhall d'hiver, plus connue sous le nom du Petit-Panthéon, et ouvert le 12 janvier 1792. Ce spectacle s'est toujours soutenu avec distinction.

Théâtre de la Porte-Saint-Martin.

Théâtre Montansier, ou *des Variétés*, au Palais-Royal.

Théâtre de l'Ambigu.

Théâtre de la Gaîté.

Théâtre sans Prétention, avant *théâtre Patriotique* et *théâtre des Associés.*

Théâtre Molière, rue Saint-Martin, établi en 1792.

Théâtre de la Cité, place du Palais-de-Justice. Ce théâtre, bâti, en 1790, sur les ruines d'une ancienne église, fut ouvert d'abord sous le nom de *théâtre de Henri IV*. Une partie des acteurs des Variétés-Amusantes vint s'y établir. Mais bien que cette salle de spectacle fût située dans un des quartiers les plus populeux de Paris, sa destinée ne fut jamais brillante. Dans l'espace de quinze ans, elle fut ouverte et fermée vingt fois : on y essayait tous les genres sans qu'aucun pût s'y acclimater.

En 1802, des acteurs allemands exploitèrent cette salle, qu'ils intitulèrent *théâtre de Mozart*, et où ils donnèrent quelques opéras du pays.

Théâtre de la rue du Chaume, établi vers 1792 dans le couvent des Pères-de-la-Merci. Le succès de ce petit théâtre détermina le sieur Guyard à en élever un plus grand, non loin de la rue Vieille-du-Temple, dans l'ancien couvent des Filles-du-Calvaire, et ce fut ce théâtre que l'on nomma :

Théâtre du Boudoir des Muses, ou *de la Vieille-Rue-du-Temple.*

Théâtre du Marais.

Théâtre des Jeunes Élèves, ou *théâtre de la rue Dauphine.* Il fut bâti, vers 1799, en face de la rue du Pont-de-Lodi. De jeunes élèves représentaient sur ce théâtre tous les genres, depuis la tragédie jusqu'au ballet-pantomime. La troupe alla jouer pendant quelque temps au théâtre Mareux, rue Saint-Antoine.

Théâtre des Jeunes Artistes, avant *Théâtre-Français, comique et lyrique.*

Théâtre des Nouveaux Troubadours, boulevard du Temple.

Théâtre des Jeunes Comédiens, jardin des Capucins.

Théâtre du Cirque-Olympique.

Théâtre des Victoires nationales, ou *Théâtre de la rue du Bac,* construit sur l'emplacement de l'église des Récollets. Il fut bâti le 15 juillet 1798.

Théâtre Mareux, rue Saint-Antoine.

Théâtre du Panthéon, à l'Estrapade.

Théâtre-Olympique, ou *Théâtre de la rue de la Victoire.* Ce théâtre, élevé en 1796, fut occupé pendant quelque temps par l'Opéra-Buffa.

Théâtre de l'Hôtel des Fermes.

Théâtre de la Jeune Malaga, boulevard du Temple.

Napoléon, on ne sait d'après quelle inspiration, jugeant qu'il existait trop de théâtres dans Paris, les réduisit tout à coup, par un décret impérial du 8 août 1807, au nombre de huit. Les quatre grands théâtres : l'Opéra, les Français, Feydeau et l'Odéon furent maintenus. Des théâtres inférieurs, on ne conserva que le Vaudeville, les Variétés, transportées au boulevard Montmartre, l'Ambigu-Comique et la Gaîté. Il fut ordonné que tous les autres théâtres seraient fermés le 15 août suivant.

Quelques années après, la sévérité du gouvernement se relâcha en faveur d'un établissement appelé les *Jeux-Gymniques*. On lui accorda la salle de la Porte-Saint-Martin. Le 1ᵉʳ janvier 1810 eut lieu l'ouverture de ce nouveau spectacle, qui se maintient encore.

Le public, qui n'admit pas le titre savant de Jeux-Gymniques, lui a donné celui de la Porte-Saint-Martin.

En 1811, le Cirque-Olympique, qu'on avait laissé subsister avec ses exercices d'équitation, fut mis au rang des théâtres secondaires.

La Restauration ne fut pas aussi sévère envers les théâtres que le gouvernement impérial. Elle accorda facilement de nouveaux priviléges pour les *Théâtres du Gymnase*, les *Nouveautés*, le *Panorama-Dramatique*; elle ferma les yeux sur le *Théâtre du Luxembourg*, laissa madame Saqui et les Funambules jouer des pièces dans le genre de celles qu'on représentait à l'Ambigu et à la Gaîté.

Quant aux théâtres bourgeois, que nous avons quittés sous le règne de Louis XVI, ils virent leur nombre aller toujours en croissant, lorsqu'après la Terreur l'horizon politique se fut éclairci. Cette époque (celle de la fin du Directoire et des premiers temps de l'Empire) a été remarquable par le grand nombre de théâtres bourgeois qui s'établirent à Paris : on en comptait plus de deux cents ; il y en avait dans tous les quartiers, dans toutes les rues. La fureur du théâtre s'était emparée de toutes les classes inférieures de la société.

Cette fièvre, qui dura plusieurs années, était devenue inquiétante, et avait jeté sur la scène un grand nombre de mauvais comédiens. D'étranges abus s'étaient établis ; on faisait payer les entrées, et ces établissements nuisaient par là aux autres théâtres, obligés de donner une partie de leur recette aux pauvres.

En 1807, le gouvernement ordonna la fermeture de tous les théâtres bourgeois, et lorsque Paris fut purgé de ces établissements, les gens de qualité et les gens riches reprirent les habitudes de l'ancienne cour.

On a vu que le goût de la comédie, qui s'était emparé des grands seigneurs avant la révolution, était descendu peu à peu dans la bourgeoisie et le peuple. Lorsque le peuple, à son tour, eut renoncé pour son compte à cet amusement, les gens haut placés reprirent un genre de plaisir qu'ils avaient oublié depuis long-temps.

L'impératrice Joséphine joua quelquefois la comédie avec les princes, les maréchaux, ses dames d'honneur.

L'archichancelier Cambacérès faisait jouer la comédie chez lui, et le comte Regnault de Saint-Jean-d'Angely avait aussi une salle de spectacle dans son hôtel.

Le comte François de Nantes, le conseiller-d'État Duchâtel, et beaucoup de notabilités impérialistes donnaient des représentations théâtrales.

Sous la Restauration, le duc de Maillé fit jouer souvent sur un théâtre établi dans son château de Lormois.

D'autres théâtres étaient établis chez la baronne de Bouillerie et chez le marquis de Bellisen.

Un autre théâtre de société, le théâtre du château du Marais, chez madame de la Briche, a laissé de charmants souvenirs.

Après la révolution de 1830, la sévérité du gouvernement envers les théâtres se relâcha encore davantage, et l'on accorda facilement pour l'établissement les priviléges des théâtres du Palais-Royal, du Panthéon, de la Porte-Saint-Antoine, de la Renaissance, et enfin celui du théâtre Saint-Marcel, dont nous allons donner la description.

Voici la liste des théâtres qui jouent aujourd'hui.

1°. L'Opéra.
2°. Les Français.
3°. Les Italiens.
4°. L'Opéra-Comique.
5°. Le théâtre de la Renaissance.
6°. La Porte-Saint-Martin.
7°. Les Variétés.
8°. Le Vaudeville.
9°. Le Gymnase.
10°. L'Ambigu-Comique.
11°. La Gaîté.
12°. Le Cirque-Olympique.
13°. Les Funambules.
14°. Les Folies-Dramatiques.
15°. La Porte-Saint-Antoine.
16°. Le Luxembourg.
17°. Le Panthéon.
18°. Saint-Marcel.
19°. Madame Saqui.
20°. Le Petit-Lazari.
21°. Théâtre Choiseul (Comte).
22°. Gymnase-Enfantin.
23°. Théâtre du Gros-Caillou.
24°. Théâtre de la Porte-Saint-Honoré.
25°. Théâtre de Montmartre.
26°. Théâtre du Mont-Parnasse.
27°. Théâtre de Grenelle.

28°. Théâtre des Batignolles.
29°. Théâtre de Belleville.

Après ce long exposé, on ne sera pas étonné de voir un théâtre s'établir dans un quartier aussi éloigné que le faubourg Saint-Marcel. Cette partie populeuse de la capitale, composée de commerçants, d'industriels et d'artisans, et renfermant, si l'on y comprend les habitants de la Maison-Blanche, de la Glacière et de Gentilly, plus de cent cinquante mille personnes privées de tout spectacle, a toujours vivement désiré de posséder, comme les autres quartiers de la ville, un établissement de ce genre.

MM. Perrin et Charlet, artistes dramatiques, pensant donc que la fondation d'un théâtre au milieu de cette population offrirait une opération avantageuse, en même temps qu'elle répondrait aux besoins et aux vœux de la localité, adressèrent, en 1837, au ministre de l'intérieur une demande régulière, appuyée par les sommités de la littérature et les notabilités du quartier. Un arrêté du 1er avril 1837 leur accorda par privilége l'autorisation de construire un théâtre au faubourg Saint-Marcel, et d'y faire représenter le vaudeville, la comédie, le drame et le mélodrame. L'emplacement choisi (d'une contenance de 904 mètres, ou 238 toises) offre plusieurs avantages : celui d'abord de se trouver dans la plus belle rue du quartier, rue Pascal ; celui aussi de se trouver à proximité de l'immense partie de la banlieue qui doit concourir au succès du théâtre, et celui enfin non moins précieux (sous le rapport de la sûreté publique) d'avoir pour limite la rivière de Bièvre, qui alimente les réservoirs exigés par la police pour les cas d'incendie.

Les travaux furent commencés, vers la fin de la même année, sur les dessins de M. Allard, architecte des Variétés, et de M. Lussy, architecte de la cour d'Espagne ; et, après plusieurs interruptions amenées par le changement successif des entrepreneurs, des administrateurs et même des architectes, changements qui eurent lieu au moment où l'édifice se trouvait presque à moitié terminé, l'ouverture eut enfin lieu le 23 décembre 1838.

Quoique destinée à un théâtre de troisième ordre, cette salle de spectacle a reçu une disposition propre à des représentations d'un genre plus relevé, et le théâtre Saint-Marcel, sous ce rapport, l'emporte sur tous les théâtres du même rang.

L'édifice, suivant les réglements de police, est isolé des constructions voisines par deux passages, larges chacun de 2 mètres 27 centimètres (7 pieds). Les parties contiguës à la rue, couvertes par des planchers en fer, sont divisées dans leur largeur par des barrières mobiles, en deux parties, dont les unes conduisent au bâtiment de service qui se trouve au fond, et les autres servent de passage couvert pour les *queues*, et qu'on a fait tourner encore autour du vestibule, pour leur donner le plus grand développement possible avant d'arriver au bureau de distribution des billets.

La façade (pl. **XXXIII**, *fig.* 1) est caractéristique et d'un style agréable. A droite et à gauche du portique d'entrée, il y a deux boutiques, dont l'une est occupée par un café. Le vestibule se trouve un peu resserré par suite de l'établissement de ces boutiques, que l'administration avait imposé aux architectes, dans leur programme, dans le but d'en tirer quelques revenus.

La salle a 13 mètres (40 pieds) de largeur, 12 mètres (37 pieds) de profondeur, et 13 mètres (40 pieds) de hauteur. Sa forme présente, au rez-de-chaussée (*fig.* 4), le grand axe d'un cercle coupé par la ligne droite des avant-scènes. Les poteaux de cette enceinte circulaire remontent jusqu'au deuxième étage et y supportent le plafond. Les loges et les galeries des autres étages (*fig.* 2, 3, 5 et 6) en saillie sur cette enceinte sont soutenues par des colonnes en fer.

Les premiers architectes, et surtout M. Lussy, qui, pendant son séjour en Espagne, avait étudié les monuments mauresques et rapporté de ce pays un portefeuille rempli de dessins intéressants que nous regrettons de ne pas voir livrés au public; les premiers architectes, disons-nous, avaient arrêté, pour la décoration de cette salle, le style mauresque, avec ses richesses, sa pureté et toute sa splendeur. Ils l'auraient employé avec rigueur jusque dans les plus petits détails; mais malheureusement leur projet n'a pas été entièrement exécuté.

M. Dubois, qui, après la retraite de MM. Lussy et Allard, avait été chargé de l'achèvement des travaux, tout en voulant conserver l'idée primitive, a choisi un genre mixte qui n'appartient à aucun style, mais dans lequel domine toujours le goût arabe. Qu'y a-t-il, en effet, de plus disparate que ce soubassement décoré de croisillons grecs, et qui supporte des colonnes mauresques? C'est pousser la hardiesse un peu trop loin. Si encore on avait produit par là quelque chose d'agréable à l'œil; mais non, l'on a fait au contraire le plus bizarre accouplement qu'il soit possible d'imaginer, avec des tons bleus, rouges et verts, et des tons gris, chamois et or. Heureusement le public de cette salle n'est pas sévère, et trouve fort de son goût les couleurs bariolées des devantures de loges. Le rideau d'avant-scène seul mérite, sous le rapport du dessin et des couleurs, quelque éloge; il représente un riche tapis arabe, orné de bordures et de franges d'or.

Nous avons remarqué dans cette salle une sonorité qui n'existe que dans très peu de théâtres. Quoique l'orchestre ne soit composé que d'un très petit nombre de musiciens, la musique y est étourdissante, la voix des acteurs parvient dans toute sa force jusqu'aux places les plus reculées de la salle.

L'ouverture d'avant-scène a 8 mètres 92 centimètres (27 pieds 6 pouces) de large, et autant de haut.

Le *théâtre*, par ses dimensions, 15 mètres 90 centimètres (49 pieds) de largeur, sur 9 mètres 75 centimètres (30 pieds) de profondeur, se prête facilement aux représentations à grand spectacle, et se trouve parfaitement bien machiné. C'est M. Dunaime, jeune machiniste intelligent, lequel avait déjà équipé le théâtre de Dieppe et plusieurs autres petits théâtres de la capitale, qu'on a chargé de cette partie de la construction. Nous n'avons pas hésité à consacrer plusieurs planches à la disposition de ces machines, que nous pouvons recommander comme un modèle pour des théâtres de cette importance.

La charpente de ce théâtre, tout en fer, a encore cette particularité nouvelle d'avoir ses fermes disposées dans la direction de sa profondeur, au lieu de les avoir dans celle de sa largeur, comme cela se pratique ordinairement.

La plus grande économie devant présider à la construction de ce théâtre, les architectes ont cherché à éviter les grandes portées, et par là les fortes grosseurs des fers. Le gril (pl. XXXVII) porte sur quatre grandes traverses en fer, qui sont suspendues aux fermes par des étriers. Les ponts volants et les ponts de service adhèrent au gril.

Toutes les fermes, tant du théâtre que de la salle, sont d'une simplicité surprenante; les dimensions en sont tellement faibles que les entrepreneurs avaient presque refusé de les exécuter ; mais les charges et les portées ont été si habilement distribuées, calculées par les architectes, que, malgré le jeu continuel des machines, aucun mouvement n'a eu lieu jusqu'aujourd'hui.

THÉATRE DE LA GAITÉ

(DEPUIS L'INCENDIE DE 1835).

PLANCHES XXXVIII, XXXIX, XL, XLI
ET XLII.

Ce théâtre passe pour être le plus ancien de ceux qui existent sur le boulevart du Temple. J.-B. Nicolet avait commencé par établir une baraque dans les Foires-Saint-Germain et Saint-Laurent ; on y représentait des tours de force et des danses sur la corde. Nicolet y faisait jouer un acteur qui devint la coqueluche de tous les Parisiens. Cet acteur, fort instruit, était un singe qui exécutait avec beaucoup d'intelligence plusieurs scènes bouffonnes ; pendant la maladie de Molé, qui venait de débuter à la Comédie-Française, on parvint à faire jouer par ce singe le personnage du comédien malade ; on lui avait mis une robe de chambre, un bonnet de nuit avec un ruban rose. Cet animal ainsi affublé se donnait des airs, faisait des mines. Comme de tout temps on a chansonné les événements du jour, le chevalier de Boufflers composa des couplets qui occupèrent beaucoup les grands amateurs de petits scandales. Les voici :

« Quel est ce gentil animal
Qui, dans ces jours de carnaval,
Tourne à Paris toutes les têtes,
Et pour qui l'on donne des fêtes?....
Ce ne peut être que Molet (1)
Ou le singe de Nicolet.

« Vous eûtes, éternels badauds,
Vos Pantins et vos Ramponneaux.
Français, vous serez toujours dupes
Quel autre joujou vous occupe?....
Ce ne peut être que Molet
Ou le singe de Nicolet.

« De sa nature, cependant,
Cet animal est impudent;
Mais, dans ce siècle de licence,
La fortune suit l'insolence,
Et court du logis de Molet
Chez le singe de Nicolet.

« Il faut le voir sur les genoux
De quelques belles aux yeux doux,
Les charmer par sa gentillesse,
Leur faire cent tours de souplesse :

(1) Le chansonnier a changé l'orthographe du nom, à cause de la rime.

Ce ne peut être que Molet
Ou le singe de Nicolet.

« L'animal, un peu libertin,
Tombe malade un beau matin :
Voilà tout Paris dans la peine ;
On crut voir la mort de Turenne.
Ce n'était pourtant que Molet
Ou le singe de Nicolet.

« Si la mort étendait son deuil
Ou sur Voltaire ou sur Choiseuil,
Paris serait moins en alarmes,
Et répandrait bien moins de larmes
Que n'en ferait verser Molet
Ou le singe de Nicolet.

« Peuple, ami de colifichets,
Qui portes toujours des hochets,
Rends grâces à la Providence,
Qui, pour amuser ton enfance,
Te conserve aujourd'hui Molet
Et le singe de Nicolet. »

Lorsque le chevalier de Boufflers fit cette chanson contre Molé, il était loin de se douter que celui qu'il appelait alors *singe de Nicolet*, serait un jour son confrère à l'Institut. Molé fut nommé membre de l'Institut, lors de son organisation (1).

(1) 3 brumaire an IV.

Les couplets que l'on vient de lire ne sont pas forts, comme on le voit, et Molé, dans sa jeunesse, n'a pas dû s'en émouvoir beaucoup ; ils sont très connus, et nous ne les avons copiés ici que pour montrer l'esprit du temps. Cette boutade n'a pas empêché Molé de devenir une des gloires de la Comédie-Française, et de laisser un nom distingué.

La salle de la Gaîté, bâtie sur le boulevart du Temple, date de 1760. Nicolet en est le fondateur. Né avec la passion du théâtre, il prit à loyer, vers l'an 1759, une salle que Fauré avait fait construire sur le terrain où a existé l'ancien Ambigu-Comique, dans l'intention d'y élever un spectacle semblable à celui que Servandoni avait établi au Louvre.

Nicolet occupa le local de Fauré jusqu'en 1764; alors il loua la partie de terrain que le théâtre de la Gaîté occupe encore aujourd'hui, et y fit bâtir une salle. Il éprouva de grandes difficultés : la première fut de ne pouvoir élever cette salle plus haute que les remparts de la ville qui existaient encore à cette époque. Ensuite l'inégalité des terrains, de vastes fossés à combler, tout semblait devoir le faire renoncer à son entreprise ; mais il triompha des obstacles, et après les avoir surmontés, il fit l'acquisition, en 1767, de la partie de terrain sur laquelle il avait bâti.

Ce théâtre portait alors le nom de *Nicolet*; mais en 1772, il sollicita et obtint celui de *Grands Danseurs du Roi*, qu'il conserva jusqu'au 22 septembre 1792, époque où il prit celui de *Théâtre de la Gaîté*.

En l'an III de la République (1795), Nicolet loua son théâtre à l'acteur Ribié, qui, dans le cours de sa direction, en changea le titre en celui de *Théâtre d'Émulation*. Ribié, ayant quitté l'entreprise à la fin de l'an VI (1798), la veuve de Nicolet lui rendit sa dénomination de *Théâtre de la Gaîté*.

Nicolet, qui avait commencé par des danses de corde et des animaux savants, obtint au boulevart la permission des petites pièces grivoises et des pantomimes arlequinades. Nicolet soutint son entreprise avec intelligence et probité, bien qu'il fût souvent persécuté par les prétentions des comédiens royaux qui lui suscitèrent souvent de grandes entraves; mais lorsqu'en 91, un décret de l'Assemblée nationale proclama la liberté des théâtres, Nicolet joua des pièces plus dignes, et notamment celles de l'ancien répertoire français.

Une chose remarquable, c'est que les ouvrages de Molière sont ceux qui produisaient le plus d'effet au boulevart ; *George Dandin* et *Le Médecin malgré lui* y attiraient la foule : chaque fois que l'affiche annonçait une pièce de Molière qui n'avait pas encore été représentée chez Nicolet, le public, c'est-à-dire le peuple, ne manquait jamais de demander l'auteur à grands cris, ce qui prouve que Molière est populaire.

En 1808, on démolit le théâtre qui avait été bâti en 1760, et à la place de l'ancienne salle, triste et incommode, on vit s'élever, par les soins de M. Peyre neveu, une autre salle assez bien coupée. (Voy. tom. I, pag. 54, et pl. V.)

L'année 1835 fut funeste à cette dernière. Une féerie avait été montée et devait être représentée le lundi 23 février. Le samedi 21, à l'une des dernières répétitions générales, on venait d'essayer une petite machine ; il fallait que le tonnerre et les éclairs accompagnassent la scène : il paraît que l'homme chargé de tenir le flambeau qui devait servir à figurer les éclairs, l'ayant tenu trop près d'une toile de frise, un morceau d'étoupe se détacha du flambeau, mit le feu à cette frise, qui bientôt le communiqua à toutes les autres, et tout le théâtre et toutes les dépendances, à l'exception du foyer, furent la proie des flammes. Mais comme la *gaité* ne meurt jamais en France, l'on s'écria : *La Gaité est morte, vive la Gaité.*

Sur les débris fumants de la vieille salle des *Grands Danseurs du Roi,* une salle s'est élevée comme par magie; on aurait dit que les pierres venaient se placer d'elles-mêmes comme au temps d'Orphée. Neuf mois après sa ruine, et quatre mois et demi après le commencement des travaux, la salle fut ouverte, le 19 novembre 1835, à la foule des curieux qui assiégeaient les portes. Elle est due aux soins éclairés de M. Bourla, architecte, de qui nous avons eu déjà plusieurs fois l'occasion de nous entretenir et que nous retrouvons toujours là où la célérité doit être jointe à l'économie et à l'élégance.

M. Bourla ayant été obligé de se servir du rez-de-chaussée et du premier étage de l'ancienne façade, qui avait été préservée de la destruction, la façade nouvelle est restée dépourvue des grandes proportions que nous demandons pour un édifice public. Mais, en revanche, elle a reçu de son architecte un extérieur assez caractéristique. Car dans aucune circonstance un monument ne doit rester muet au sein d'une ville, il est chargé de réveiller des sentiments; et comme l'architecture est la réalisation ou le vêtement de la pensée sociale dans ce qu'elle a de plus élevé, l'artiste doit l'écrire en signes pour qu'elle se révèle à tous à toute heure.

Le rez-de-chaussée, masqué en partie par une large marquise pour mettre les *queues* à couvert, a été soustrait pour ainsi dire à l'architecture et ne forme qu'un simple soubassement général. Le premier étage est percé de cinq croisées cintrées, décorées d'impostes et d'archivoltes au-dessus desquelles se trouvent des masques scéniques. A droite et à gauche, aux arrière-corps, sont disposés des trophées, composés des attributs du vaudeville, drame et mélodrame, La frise de ce premier étage est décorée d'enfants soutenant des guirlandes de fleurs et de fruits. Le second étage, qui a été ajouté à l'ancienne façade, est décoré de pilastres d'ordre ionique, et au-dessus des trophées dont nous venons de parler, correspondent des tables historiques dans lesquelles on lit d'un côté :

THÉATRE DE LA GAÎTÉ.

FONDÉ EN 1760,
PAR J. B. NICOLET.

RECONSTRUIT
EN 1808.

Et de l'autre côté de la même manière :

INCENDIÉ
LE 21 FÉVRIER 1835.

RÉÉDIFIÉ EN FER
LA MÊME ANNÉE.
A. Bourla, arch.

Ce second étage est surmonté d'un attique renfermant l'inscription :

THÉATRE DE LA GAÎTÉ.

Nous ne dirons rien du vestibule et du foyer au-dessus, qui n'ont pas été changés et dont les peintures seulement ont été refaites. Des deux escaliers que le vestibule renferme, celui de droite est exclusivement réservé au public des petites places, et aboutit aux troisième et quatrième galeries, ainsi qu'à l'amphithéâtre, tandis que celui de gauche, avec deux autres escaliers circulaires disposés plus à l'intérieur, sont destinés aux loges et aux premières galeries.

Quoi qu'on en dise, cette disposition aristocratique des escaliers, qui nous est venue de l'Angleterre, et au moyen de laquelle le public se trouve classé suivant les moyens pécuniaires qu'il peut déployer au bureau, est, dans nos mœurs actuelles, nécessaire même aux théâtres de second et même de troisième rang.

Les corridors, moins larges que ceux de l'ancienne salle, sont trop étroits et peu commodes pour la circulation, surtout pendant les entr'actes, quand les spectateurs, qui se trouvent dans les loges, ouvrent les portes pour se donner un peu d'air. On aurait dû les élargir un peu aux dépens de la salle.

La forme de la salle est circulaire et d'une coupe assez heureuse : elle est divisée dans sa hauteur en quatre rangs de galeries, dont deux étages sont consacrés aux loges et deux à de vastes amphithéâtres. Les avant-scènes sont un peu larges, mais leur évasement à l'intérieur est assez considérable pour permettre aux balcons et loges de côté de voir avec toute la facilité possible. Son diamètre, mesuré du fond des loges, est de 15 mètres (46 pieds 2 pouces).

La décoration, d'un bel ensemble, offre un effet brillant. Le genre qu'on a adopté est celui de l'époque de Louis XIII et du commencement de celle de Louis XIV, avec toutes ses richesses. Peut-être même y a-t-il trop de luxe pour un théâtre secondaire, mais ne nous en plaignons pas ; l'art en profite. La première galerie, régnant de niveau avec les piédestaux des avant-scènes, est décorée de satyres en coloris, au milieu de cartouches, contre lesquels s'appuient des génies en grisaille, jouant de différents instruments ; le tout sur un fond de cuir rehaussé d'or. La seconde galerie sert, par la décoration, d'intermédiaire, de repos entre la première galerie et la troisième : elle représente une balustrade sur laquelle l'artiste a jeté des tapis de riche étoffe, découpés en lambrequins et ayant entre eux des petites niches sur culs-de-lampe. La troisième forme des frontons reposant sur des colonnes. Au-dessous ils sont ornés de ressauts, de têtes de satyres et d'enroulements. La devanture de la quatrième galerie est formée par l'entablement régulier qui couronne les pilastres d'avant-scène. Elle est enrichie de consoles entre lesquelles sont des cartouches.

L'emploi des consoles sur les devantures des loges est contraire aux règles de l'acoustique, en ce qu'elles interrompent et arrêtent le libre cours du son ; il vaut mieux les laisser lisses et s'abstenir de tout ornement en relief.

Le plafond de la salle, largement peint, rappelle les plafonds de Fontainebleau et de Versailles ; il est d'un fort bon effet.

Nous regrettons beaucoup que la décoration des pilastres d'avant-scène ait été négligée ; le style étrusque que le décorateur y a employé et qui n'a aucun rapport avec les autres ornements, rend cette partie maigre et la détache de la manière la plus désagréable du reste de la salle.

Le fond des loges est peint d'un ton vert tendre, et celui des avant-scènes en cramoisi.

Le rideau représente un tapis d'étoffe rouge, garni tout autour d'une riche bordure. Le bas est orné d'une dentelure avec franges et galons d'or.

Toute la décoration est due aux mains habiles de MM. Philastre et Cambon.

Le théâtre a plus de profondeur que l'ancien; il se compose maintenant de huit plans et d'un lointain assez vaste et libre pour servir avec avantage aux effets théâtrals. Il a été équipé avec beaucoup de soin par M. Contant, machiniste en chef de l'Opéra, et se prête aux représentations à grand spectacle.

Comme construction, le théâtre de la Gaîté mérite de fixer l'attention des architectes et des constructeurs; il est le premier bâti à Paris, où l'emploi et la force des matériaux aient été calculés pour ce qu'ils peuvent valoir; aussi le résultat a-t-il été atteint, sous le rapport de l'économie, si l'on compare le prix de revient du mètre superficiel de ce théâtre, avec celui de quelques autres construits avant lui. L'on sait que depuis 1827 une ordonnance de police a prescrit que dorénavant la construction ou reconstruction des salles de spectacles serait faite en matériaux incombustibles, c'est-à-dire que le fer serait partout substitué au bois pour les combles et les planchers. L'emploi du fer était peu connu, peu appliqué en France aux monuments, et particulièrement à ces sortes d'édifices, et depuis lors, les architectes, par une prudence exagérée ou nécessitée peut-être par défaut d'études spéciales, ont généralement prodigué le fer. Nous posons en fait que les combles et les planchers du théâtre de la Gaîté, d'une grande solidité puisque des expériences ont donné les chiffres que nous allons offrir, présentent une notable économie sur l'emploi du fer comparativement aux autres théâtres; ces chiffres sont assez intéressants pour que nous les donnions ici (1).

Les fermes de ce comble sont composées comme nous le faisons voir sur les planches **XXXIX** et **XL**, d'un arc, d'une corde et de 6 tringles de suspension, lesquelles sont divisées elles-mêmes sur la hauteur par deux autres cordes transversales en fer rond.

Ces fers ont de gros :

Arc...	$0,027^m$ sur	$0,081^m$
Corde.......................................	0,027	0,110
Aiguilles pendantes, fer rond....	0,022	»
Corde transversale, fer rond.....	0,022	»
Entretoises entre les fermes......	0,013	0,041
Jambes de force pour les fermes de la scène...........................	0,041	0,041

Le poids total du comble de la salle, composé de six fermes, et y compris les entretoises entre les cordes, pour former le plancher du lustre, est de........ $11,355^k50$

Celui de la scène, portant sept fermes, est de 13,768

Si nous divisons le poids de chaque comble par la superficie prise horizontalement, nous trouverons, pour la salle, les mesures prises d'axe en axe des murs :

(1) Ces données nous ont été fournies par M. Renaud, inspecteur de ce théâtre en 1835.

Le mètre superficiel.
$11,355^k,50 : 17^m,18 \times 18^m,36 (= 315^m,42) = 36^k,00.$

Suivant le cintre de l'arc :
$11,355^k,50 : 17^m,18 \times 21^m,30 (= 365^m,93) = 31^k,60.$

Pour la scène horizontalement :
$13,768^k,00 : 14^m \times 18^m,36 (= 257^m,04) = 53^k,56.$

Suivant le cintre de l'arc :
$13,768^k,00 : 14^m \times 23 (= 322^m,00) = 42^k,80.$

Nous ne comprenons pas, dans le poids de ce mètre superficiel de comble, la ferme jumelle du mur d'avant-scène, qui pèse seule, compris toutes les armatures et les tringles pour les pots de remplissage........ $3,612^k,50.$

L'on peut appeler ces combles, combles à suspension, car toute la force existe dans le tirage des aiguilles sur les diverses sections de l'arc, sans faire attention à la résistance que présentera la corde, raidie par l'effet que doit nécessairement produire l'arc en cherchant à s'écarter ou à s'ouvrir. Aussi l'architecte a-t-il mis la plus grande force de son fer sur cette corde. Le problème consistait donc à faire porter la charge sur l'arc en s'opposant à ce qu'il ne pût s'ouvrir ou se tortiller : pour s'ouvrir, il y a à peu près impossibilité par l'assemblage à sabot, du bas de l'arc avec les extrémités de la corde, et l'on ne peut craindre le tortillement, attendu la liaison des fermes maintenues par des entretoises à doubles pates fermées avec des boulons : outre les entretoises, ces fermes sont encore liées par un hourdis en plâtre de 0,08^c d'épaisseur fait sur des fantons ou côtes de vaches, avec treillage en fer.

Lors de la construction de ce comble l'autorité avait craint que les aiguilles pendantes, tirant sur l'arc, ne fussent trop faibles pour supporter le poids du gril et des machines théâtrales; à cet effet, M. Bourla demanda que des expériences fussent faites pour constater la force de ces tringles, et les expériences eurent lieu chez M. Chavier, rue du Faubourg-du-Temple, avec le bélier hydraulique; elles ont donné les résultats suivants.

Chaque tringle de 0,^{m}022 de diamètre, soumise à l'épreuve, était prise d'un côté par un boulon de 0,^{m}013 mis dans l'œil de l'assemblage, et de l'autre par un crochet forgé à l'extrémité. Nous devons nous rappeler que l'administration des ponts-et-chaussées exige que les fers destinés aux ponts suspendus soient soumis à un tirage d'épreuve de 18^k par millimètre carré, et que M. Barbé, colonel d'artillerie, directeur des forges de la marine royale, assisté de M. Bornet, ancien élève de l'école polytechnique, ont trouvé, après un grand nombre d'essais, que chaque millimètre carré d'une barre ou tringle de fer pouvait porter par suspension 34^k.

L'on fit chez M. Chavier six expériences, et toutes les tringles se sont rompues au-delà du tirage moyen de 30^k66 par millimètre carré, en observant que la rupture n'a jamais eu lieu dans le milieu de la tringle, mais au crochet ou à la patte d'assemblage (1). Ainsi donc, sans se reposer entièrement sur les 30^k66, nous allons voir ce que chaque tringle peut porter, les six tringles d'une ferme, les sept fermes ensemble, abstraction toujours faite de la résistance qu'offrent les cordes, résistance qui doit être à considérer puisque depuis plus de 4 ans que le comble est chargé par le gril en charpente, les

(1) Il était à craindre que le boulon de 0,013 mis dans l'œil de l'assemblage à fourche (voyez *fig.* C, Pl. XXXI et XXXII) ne vînt à céder; mais, en ceci, les essais ont répondu à la théorie : le boulon, mis horizontalement, et parfaitement serré contre les parois de l'assemblage, présente une surface de résistance plus grande que la section des tringles. Aussi, comme nous le disons, la rupture n'a eu lieu qu'au collet de la fourche et au crochet qui avait été fait pour saisir la tringle.

rideaux, les tambours et autres machines, plusieurs de ces tringles ne sont point tendues, signe évident que la corde par elle-même peut porter un grand poids.

Diamètre des tringles : $0^m,022$, surface $= 0,0380^m$.
Résistance : $30^k 66 \times 380 = 11,650^k 80 \times 6 = 69,904^k 80$.

En multipliant ce poids de $69,904^k$ par sept fermes, nous trouverons l'énorme chiffre de $489,333^k 60$, lesquels, divisés par la surface horizontale de ce comble, 257^m, nous donneront 1904^k par mètre de surface, poids bien au-delà des épreuves que l'on exige pour les ponts suspendus, puisque ce poids n'est en général que de 255^k par mètre superficiel; cependant nous ne dissimulerons pas qu'il serait imprudent de profiter d'une telle force, nous dirons même qu'il y aurait impossibilité, car les murs latéraux, sans d'énormes culées, pousseraient au vide, mais aussi quelle différence n'existe pas entre la charge ordinaire d'un gril de théâtre comme celui de la Gaîté qui ne peut aller à plus de 30 à 40,000, et celui de $489,333^k$! Certes, la prévoyance a une belle part, et ces résultats nous font voir que l'on peut économiser l'emploi du fer pour la construction des grands édifices.

DES RIDEAUX DE FER

EMPLOYÉS DANS LES THÉATRES.

PLANCHES XLIII ET XLIV.

Au nombre des inventions les plus utiles doit être placée celle des rideaux en fer pour la séparation de la scène et de la salle dans les théâtres, car ils sont destinés, sinon à prévenir les sinistres, du moins à en rendre les suites infiniment moins désastreuses en détruisant toute communication de l'une des parties d'un théâtre avec l'autre.

Nous avons vu la première application de cette nouvelle invention à la restauration de l'Odéon en 1820 (Tom. I, pag. 179). Mais malheureusement on y a construit un rideau qui produirait, en cas d'incendie, tout l'effet contraire à celui qu'on en attendait. Au lieu d'un rideau de *toile métallique* on y a établi un rideau de *tôle plein*. Aussi M. Darcet, membre de la Commission qui avait proposé le rideau de toile métallique, ayant appris qu'un rideau de tôle venait d'être établi au théâtre de Vienne, en Autriche, et craignant que l'on eût en cela suivi l'exemple donné à Paris, a cru utile de publier dans les *Annales de l'Industrie*, 1827, tom. I, pag. 97, une note pour empêcher un tel exemple de propager l'emploi des rideaux de *tôle* dans les salles de spectacle, et pour garantir de toute responsabilité, dans le cas contraire, l'administration française et les différentes commissions qui ont été consultées à ce sujet.

Il fallut aviser, dit-il dans cette note, après le second incendie de l'Odéon, aux moyens de reconstruire cette salle de spectacle dont il ne restait plus que la coque et dont les gros murs étaient, dans certaines parties, profondément calcinés. Une Commission fut chargée d'indiquer les précautions à prendre pour éviter à l'avenir un pareil désastre. Parmi celles qui furent proposées, se trouvait la construction d'un mur épais partageant le bâtiment en deux parties à l'aplomb de l'avant-scène, et l'emploi d'un rideau de tôle pour fermer exactement, en cas d'incendie, l'ouverture de la scène, seule ouverture réservée dans le mur de séparation, et par lequel le feu pût communiquer de la salle au théâtre, et réciproquement.

« J'avais, par hasard, continue M. d'Arcet,
« vu et bien observé, en 1799, le premier in-
« cendie de l'Odéon ; j'avais alors remarqué que
« le feu s'était propagé rapidement du côté du
« théâtre, sans qu'il y eût de la fumée dans la
« salle, et j'avais même pu rester fort longtemps
« dans une des secondes loges du côté gauche,
« sans être gêné par la chaleur, et n'ayant à me
« garantir que du grand courant d'air qui tra-
« versait la salle, et allait activer la combustion
« des décorations et des charpentes sur le théâ-
« tre. Presque tout le théâtre était en feu, mais
« la salle était encore intacte, lorsqu'il tomba,
« du côté gauche du cintre, une pièce de bois
« enflammée, qui, rebondissant par-dessus la
« rampe, tomba d'abord dans l'orchestre, et
« vint ensuite mettre le feu à la garniture d'une
« des banquettes du parterre. L'incendie de la
« salle commença ainsi, mais le courant d'air
« qui la traversait était si rapide que la fumée
« se dirigeait presque horizontalement vers le
« théâtre, et que l'incendie du parterre faisait
« des progrès peu sensibles. Je fus témoin de
« cet effet pendant plus d'une demi-heure, et
« je vis l'orchestre et le parterre presque tout
« en feu, sans qu'il y eût sensiblement de fu-

« mée dans la salle au-dessus du premier rang
« des loges. Je fus alors obligé de travailler à la
« manœuvre d'une pompe, et privé d'observer
« plus longtemps la catastrophe dont il s'agit. »

Nommé en 1818, après le second incendie de l'Odéon, membre de la Commission dont nous avons parlé, M. d'Arcet, se rappelant ce que nous venons de rapporter au sujet du premier incendie de ce théâtre, s'opposa fortement à l'adoption du rideau de *tôle* proposé par l'architecte qui était alors chargé de la reconstruction de l'Odéon ; il dit que c'était au contraire un rideau de *toile métallique à grandes mailles* qu'il fallait employer. La Commission reconnut que le rideau de tôle, loin de garantir une des moitiés du bâtiment, ne servirait qu'à en hâter la destruction. En effet, en cas d'incendie, la tôle ainsi exposée à l'action du feu serait promptement élevée à la température rouge ; la couche d'air, en contact avec le rideau de tôle du côté opposé au feu, prendrait alors un mouvement ascensionnel et une haute température, et irait porter l'incendie au cintre du théâtre ou au plafond de la salle, suivant le côté où le feu se serait déclaré. Ce rideau ne résisterait d'ailleurs pas, à moins d'être construit très solidement, à l'énorme pression que le courant d'air lui ferait éprouver. On sentit que le rideau de toile métallique pourrait au contraire procurer de grands avantages en cas d'incendie; qu'il empêcherait les morceaux enflammés de tomber du côté du bâtiment opposé à celui où l'incendie se serait déclaré; qu'il permettrait aux pompiers de continuer à lancer de l'eau de tous côtés sur la partie incendiée du bâtiment; qu'il s'établirait un courant d'air si rapide à travers la toile métallique, que ni les étincelles ni les menus charbons allumés ne pourraient en traverser les mailles; que cette toile serait d'ailleurs continuellement refroidie par le courant d'air qui passerait à travers, ainsi que par l'eau qu'on lancerait sur les mailles et sur le feu; qu'en un mot, elle ne présenterait aucun des inconvénients signalés, en parlant des effets probables de l'emploi d'un rideau de tôle (1).

(1) Supposons que le feu prenne aux décorations d'une salle de spectacle convenablement disposée, dans laquelle un gros mur séparerait la salle du théâtre, et où l'on pourrait à volonté fermer l'ouverture de l'avant-scène au moyen d'un rideau de toile métallique; voici ce qu'il y aurait à faire pour diminuer autant que possible la perte causée par l'incendie. Il faudrait descendre le rideau, faire usage des premiers secours, tels qu'on doit toujours

Ces considérations et celle de la grande différence du prix entre les deux espèces de rideaux, décidèrent la Commission à conseiller d'établir, au théâtre de l'Odéon, un rideau de *toile métallique* en fil de fer, de 4 millimètres environ de diamètre, et à mailles carrées ayant à

les avoir sous la main, et envoyer chercher de suite les pompiers. Si l'on venait à désespérer d'éteindre l'incendie à sa naissance, et de sauver le théâtre, il faudrait ouvrir toutes les portes du vestibule, des corridors et des loges inférieures de la salle; il faudrait, de plus, ouvrir les volets des cheminées d'appel du théâtre, et casser tous les carreaux des croisées du comble du théâtre et des étages les plus élevés du fond du bâtiment : on établirait ainsi un grand courant d'air, qui, entrant par le vestibule, passant par la salle, traversant la toile métallique, refoulerait la flamme et la fumée vers le fond du théâtre, et au-dehors, par la cheminée d'appel du théâtre et par les fenêtres du comble et des étages supérieurs. Cela fait, il faudrait accélérer par tous les moyens possibles la chute des charpentes enflammées dans les dessous du théâtre, afin d'éviter la calcination des gros murs. Les pompiers, placés au parterre, arroseraient les fils de la toile métallique, en écarteraient les flammes, en y lançant assez d'eau, et surveilleraient l'intérieur de la salle pour y éteindre les flammèches, s'il en passait quelques unes à travers la toile métallique. L'incendie, concentré dans les dessous du théâtre, s'éteindrait ensuite facilement par les moyens ordinaires.

peu près 54 millimètres de côté. Le rapport de la Commission fut approuvé par l'autorité ; mais on ne sait par quel malentendu, au lieu de mettre à exécution ce qui avait été conseillé par la Commission, on fit établir à ce théâtre un *rideau de tôle plein,* suivant le premier projet qui avait été discuté et rejeté. La Commission n'apprit cela que lors de l'ouverture du théâtre ; elle réclama de suite avec énergie contre un état de choses qui la compromettait fortement. L'autorité fit examiner de nouveau la question par des Commissions qui furent successivement d'avis que le rideau de tôle placé au théâtre de l'Odéon, ne remplirait pas, en cas de besoin, le but que l'on s'était proposé, et probablement son usage entraînerait au contraire, en cas de feu, ou sa propre destruction, ou l'incendie général du bâtiment. Les rapports particuliers de l'architecte de la préfecture de police vinrent appuyer ces conclusions. Il fut alors décidé qu'il fallait au plus tôt convertir le rideau de tôle de l'Odéon en un rideau métallique à jour, et l'autorité a rendu, depuis, une ordonnance qui prescrit, dans toutes les salles de spectacle, la construction d'un gros mur de séparation entre la salle et le théâtre, et le placement d'un rideau de toile métallique, tel que nous l'avons indiqué.

Il serait du plus haut intérêt, et comme mesure de sûreté générale, et comme garantie de sécurité pour le public, de voir adopter, pour tous les théâtres des provinces et de l'étranger, cette invention si ingénieuse et cependant si simple, qui dissipe toute crainte sur les suites d'un incendie réel et sur les dangers auxquels peuvent exposer les effets de lumière accidentels, ou les incendies figurés pour ajouter à l'illusion scénique. Un rideau de fer arrête, en cas de sinistre, comme nous l'avons vu, les progrès du feu.

La planche XLIII-XLIV représente l'ensemble et les détails d'ajustement du rideau de fer qui a été exécuté au théâtre des Italiens, sur les indications de MM. Hittorf et Lecointe, architectes. Une particularité de sa construction est digne d'attention ; c'est le grand arc concave, si l'on peut s'exprimer ainsi, qui s'appuie sur la seconde traverse et qui soutient, de ses deux extrémités, la traverse supérieure. Il a pour objet de maintenir dans leur raide, au moment où le rideau est baissé et repose à terre, et cette traverse et les tiges verticales qui s'y assemblent, lesquelles, en l'absence de l'arc, auraient une tendance à fléchir et à fatiguer par conséquent davantage les cordes extrêmes de suspension.

Un autre détail est encore à remarquer, c'est la contre-fiche qui, de chaque côté de l'arc, lui fait équilibre et qui, en butant du pied sur l'extrémité de la seconde traverse, contribue à en augmenter la tension.

Le mécanisme qui met en mouvement ce rideau et en opère l'ascension et la descente, est fort simple; c'est le même que celui employé pour tous les décors en général, un tambour sur lequel s'enroulent quatre cordes métalliques réunies au même point à l'aide de poulies de renvoi.

La Planche XLI-XLII représente le rideau de fer exécuté, sur les dessins de M. Bourla, architecte, au théâtre de la Gaîté, et qui offre un tout autre système de construction, avec cette heureuse amélioration, qu'on n'est pas obligé de passer sur la scène pour le faire descendre. La manœuvre a lieu à l'intérieur du corps-de-garde des pompiers, par un mécanisme très simple. Ce rideau est descendu tous les soirs avant que les pompiers ne se retirent du spectacle, et il reste baissé jusqu'au moment de la représentation. L'on y a pratiqué, comme à celui des Italiens, une porte de service, pour que le pompier de faction la nuit sur le théâtre puisse s'avancer jusqu'à la rampe, afin de voir ce qui peut se passer dans la salle.

Le rideau du théâtre du Cirque-Olympique est établi sur le même principe, à l'exception que tous les fils de manœuvre sont en cuivre.

Le rideau de fer du théâtre du Panthéon est en deux parties sur la hauteur : la partie basse, en s'enlevant, enlève à son tour la partie haute, pour se mettre l'une devant l'autre.

Les rideaux de fer de tous les autres théâtres sont construits à peu près sur les mêmes principes.

LOIS ET ORDONNANCES

RELATIVES AUX THÉATRES.

Extrait du Décret du 16 août 1790, en ce qui concerne les théâtres. — Décret sur l'ordre judiciaire, titre XI, *art.* 4.

Les spectacles ne pourront être permis et autorisés que par les officiers municipaux. Ceux des entrepreneurs et directeurs actuels qui ont obtenu des autorisations, soit des gouverneurs des anciennes provinces, soit de toute autre manière, se pourvoiront devant les officiers municipaux, qui confirmeront leur jouissance pour le temps qui en reste à courir, à charge d'une redevance envers les pauvres.

Sanctionné le 24 août 1790.

(Voyez la Collection Baudouin, page 190.)

Décret relatif aux pensions des Comédiens français et italiens, et autres dépenses occasionnées par ces spectacles, du 11 septembre 1790.

L'Assemblée nationale décrète qu'à compter du 1ᵉʳ janvier 1791, la dépense relative aux pensions des Comédiens français et italiens, à la garde militaire des spectacles, aux pompes pour garantir les spectacles des incendies, sera rejetée du compte du Trésor public.

Sanctionné le 21 septembre 1790.

(Voyez la Collection Baudouin, page 69, mois de septembre 1790.)

Loi donnée à Paris, le 19 janvier 1791.

LOUIS, par la grâce de Dieu, etc., à tous présents et à venir, salut.

L'Assemblée nationale a décrété, et nous voulons et ordonnons ce qui suit :

Décret de l'Assemblée nationale, du 23 janvier 1791.

L'Assemblée nationale, ouï le rapport de son comité de constitution, décrète ce qui suit :

ART. 1er. Tout citoyen pourra élever un théâtre public, et y faire représenter des pièces de tous les genres, en faisant, préalablement à l'établissement de son théâtre, sa déclaration à la municipalité des lieux.

2. Les ouvrages des auteurs morts depuis cinq ans et plus, sont une propriété publique, et peuvent, nonobstant tous anciens priviléges, qui sont abolis, être représentés sur tous les théâtres indistinctement.

3. Les ouvrages des auteurs vivants ne pourront être représentés sur aucun théâtre public, dans toute l'étendue de la France, sans le consentement formel et par écrit des auteurs, sous peine de confiscation du produit total des représentations au profit des auteurs.

4. La disposition de l'article 3 s'applique aux ouvrages déjà représentés, quels que soient les anciens règlements;

néanmoins les actes qui auraient été passés entre des comédiens et des auteurs vivants, ou des auteurs morts depuis moins de cinq ans, seront exécutés.

5. Les héritiers, ou les cessionnaires des auteurs, seront propriétaires de leurs ouvrages, durant l'espace de cinq années après la mort de l'auteur.

6. Les entrepreneurs, ou les membres des différents théâtres, seront, à raison de leur état, sous l'inspection des municipalités ; ils ne recevront des ordres que des officiers municipaux, qui ne pourront pas arrêter ni défendre la représentation d'une pièce, sauf la responsabilité des auteurs et des comédiens, et qui ne pourront rien enjoindre aux comédiens que conformément aux lois et aux règlements de police : règlements sur lesquels le comité de constitution dressera incessamment un projet d'instruction. Provisoirement, les anciens règlements seront exécutés.

7. Il n'y aura au spectacle qu'une garde extérieure, dont les troupes de ligne ne seront point chargées, si ce n'est dans le cas où les officiers municipaux leur en feraient la réquisition formelle. Il y aura toujours un ou plusieurs officiers civils dans l'intérieur des salles, et la garde n'y pénétrera que dans le cas où la sûreté publique serait compromise, et sur la réquisition expresse de l'officier civil, lequel se conformera aux lois et aux règlements de police. Tout citoyen sera tenu d'obéir provisoirement à l'officier civil.

Mandons et ordonnons à tous les tribunaux, corps administratifs et municipalités, que les présentes ils fassent transcrire sur leurs registres, lire, publier et afficher, dans leurs ressorts et départements respectifs, et exécuter comme loi du royaume. En foi de quoi nous avons signé et fait contresigner cesdites présentes, auxquelles nous avons fait apposer le sceau de l'État. A Paris, le dix-neuvième jour du mois de janvier, l'an de grâce mil sept cent quatre-vingt-onze, et de notre règne le dix-septième.

Signé LOUIS.

Et plus bas, M. L. F. Duport,

et scellées du sceau de l'État.

Certifié conforme à l'original.

Décret du 19 *juillet* 1793, *relatif aux droits de propriété des auteurs d'écrits en tout genre, des compositeurs de musique, des peintres et des dessinateurs.*

La Convention nationale, après avoir entendu son comité d'instruction publique, décrète ce qui suit :

Art. 1er. Les auteurs d'écrits en tout genre, les compositeurs de musique, les peintres et dessinateurs qui feront graver des tableaux ou dessins, jouiront, durant leur vie entière, du droit exclusif de vendre, faire vendre, distribuer leurs ouvrages dans le territoire de la République, et d'en céder la propriété en tout ou en partie.

2. Leurs héritiers ou cessionnaires jouiront du même droit, durant l'espace de dix ans, après la mort des auteurs.

3. Les officiers de paix seront tenus de faire confisquer, à la réquisition et au profit des auteurs, compositeurs, peintres, ou dessinateurs et autres, leurs héritiers ou cessionnaires, tous les exemplaires des éditions imprimées ou gravées sans la permission formelle et par écrit des auteurs.

4. Tout contrefacteur sera tenu de payer au véritable

propriétaire une somme équivalente au prix de trois mille exemplaires de l'édition originale.

5. Tout débitant d'édition contrefaite, s'il n'est pas reconnu contrefacteur, sera tenu de payer au véritable propriétaire une somme équivalente au prix de cinq cents exemplaires de l'édition originale.

6. Tout citoyen qui mettra au jour un ouvrage, soit de littérature ou de gravure, dans quelque genre que ce soit, sera obligé d'en déposer deux exemplaires à la Bibliothèque nationale ou au Cabinet des estampes de la République, dont il recevra un reçu signé par le bibliothécaire ; faute de quoi il ne pourra être admis en justice pour la poursuite des contrefacteurs.

7. Les héritiers de l'auteur d'un ouvrage de littérature, ou de gravure, ou de toute autre production de l'esprit ou du génie, qui appartienne aux beaux-arts, en auront la propriété exclusive pendant dix années.

Décret du 1er septembre 1793, qui rapporte la loi du 30 août 1792, relative aux ouvrages dramatiques, et ordonne l'exécution de celles des 13 janvier 1791 et 19 juillet dernier.

La Convention nationale, voulant assurer aux auteurs dramatiques la propriété de leurs ouvrages, leur garantir les moyens d'en disposer avec une égale liberté par la voie de l'impression et par celle de la représentation, et faire cesser à cet égard, entre les théâtres de Paris et ceux des départements, une différence abusive, décrète ce qui suit :

Art. 1er. La Convention nationale rapporte la loi du 30 août 1792, relative aux ouvrages dramatiques.

2. Les lois des 13 janvier et 19 juillet 1791 et 1793, leur sont appliquées dans toutes leurs dispositions.

3. La police des spectacles continuera d'appartenir exclusivement aux municipalités. Les entrepreneurs ou associés seront tenus d'avoir un registre dans lequel ils inscriront et feront viser par l'officier de police de service, à chaque représentation, les pièces qui seront jouées, pour constater le nombre des représentations de chacune.

Visé par l'inspecteur. Signé BLAUX.

DROITS DES PAUVRES.

Arrêté du 11 nivôse an IV.

ART. 1er. Tous les entrepreneurs ou sociétaires de tous les théâtres de Paris et des départements, sont invités à donner, tous les mois et à dater de cette époque, une représentation au profit des pauvres, dont le produit, déduction faite des frais journaliers et de la part d'auteur, sera versée dans les caisses désignées.

2. Ces jours-là les comédiens concourront par tous les moyens qui sont en leur pouvoir, à rendre la représentation plus lucrative.

3. Les entrepreneurs ou sociétaires seront autorisés, ces mêmes jours, à tiercer le prix des places et à recevoir les rétributions volontaires de tous ceux qui désireraient concourir à cette bonne œuvre.

4. La recette de ces jours sera constatée légalement par une commission *ad hoc*, nommée par le ministre de l'intérieur, et, dans les communes des départements, par un

des agents municipaux, lesquels sont tenus d'en rendre compte au ministre.

5. Deux théâtres ne pourront donner le même jour, dans la même commune, pour les pauvres.

6. Le théâtre du Vaudeville, dégagé de sa première soumission, se conformera volontairement à ce nouveau mode de rétributions.

Loi du 7 frimaire an v (27 novembre 1796).

ART. 1er. Il sera perçu un décime par franc en sus du prix de chaque billet d'entrée, pendant six mois, dans tous les spectacles où se donnent des pièces de théâtres, des bals, feux d'artifice, concerts, courses et exercices des chevaux, pour lesquels les spectateurs payent.

La même perception aura lieu sur le prix des places louées pour un temps déterminé.

2. Le produit de la recette sera employé à secourir les indigents qui ne sont pas dans les hospices.

3. Dans le mois qui suivra la publication de la présente, le bureau central, dans les communes où il y a plusieurs municipalités, et l'administration municipale dans les autres, formeront, par une nomination au scrutin, un bureau de bienfaisance, ou plusieurs, s'ils le croient convenable : chacun de ces bureaux sera composé de cinq membres.

4. Les fonctions des bureaux de bienfaisance seront de diriger les travaux qui seront prescrits par lesdites administrations, et de faire la répartition des secours à domicile.

5. Les membres de ces bureaux n'auront aucune rétribution, et ne toucheront personnellement aucun fonds ;

ils nommeront un receveur qui fera toutes les perceptions.

6. Lesdites administrations détermineront les mesures qu'elles croiront convenables pour assurer le recouvrement du droit ordonné par l'article 1er.

7. Dans les communes où il y aura plusieurs bureaux de bienfaisance, la proportion pour laquelle chacun d'eux sera fondé dans la recette, sera déterminée par le bureau central dans les communes où il y a plusieurs municipalités, et par l'administration municipale dans les autres.

8. Chaque bureau de bienfaisance recevra de plus les dons qui lui seront offerts ; ils seront déposés aux mains du receveur, et enregistrés.

9. Le bureau rendra compte, tous les mois, du produit de sa recette, à l'administration par laquelle il aura été nommé.

10. Les secours à domicile seront donnés en nature, autant qu'il sera possible.

11. Les mendiants valides qui n'ont pas de domicile acquis hors la commune où ils sont nés, sont obligés d'y retourner ; faute de quoi ils y seront conduits par la gendarmerie et condamnés à une détention de trois mois.

12. Les lois des 19 mars 1793, et 22 floréal an II, sont rapportées en ce qui concerne les secours.

13. La présente résolution sera imprimée, etc.

Loi qui proroge, pendant six mois, la perception en faveur des indigents, d'un droit sur les billets de spectacles, etc.

Du 2 floréal an v (21 avril 1797).

Art. 1ᵉʳ. Le droit d'un décime par franc, en sus du prix de chaque billet d'entrée dans tous les spectacles où se donnent des pièces de théâtre, dans les bals, feux d'artifice, courses et exercices de chevaux, établi par la loi du 7 frimaire dernier, en faveur des indigents qui sont à domicile, pour six mois qui finiront le 7 prairial prochain, continuera d'être perçu pendant six autres mois, à partir de ladite époque, et le produit en sera distribué de la manière prescrite par la susdite loi.

2. La présente résolution sera imprimée, etc.

Nota. Depuis cette époque, les droits au profit des pauvres ont été maintenus par des lois et décrets successifs, et prorogés indéfiniment. A Paris on en a mis la perception en régie intéressée. On a permis les abonnements, et ce mode a été adopté dans beaucoup de villes.

La loi dit que le droit est *en sus des billets d'entrées*. Il se reçoit ainsi à Paris. Les places qui étaient à 3 fr., sont à 3 fr. 30 centimes; et même au Vaudeville on a porté les *premières* à 3 fr. 50 centimes, à un sixième en sus. Ce théâtre et tous les autres en général ont gagné ou du moins n'ont rien perdu à l'établissement de la perception.

Mais en province ce n'est pas de même. Il y a bien peu de villes où l'on ait pu augmenter le prix des billets en raison du droit. Le public veut se divertir et ne veut pas payer. Toute la charge retombe sur la direction, et elle paraît d'un poids énorme dans les circonstances difficiles.

Mesures contre l'incendie des salles de spectacles. Arrêté du 1er germinal an VII (21 mars 1799).

ART. 1er. Le dépôt des machines et décorations pour les théâtres, dans toutes les communes où il en existe, sera fait dans un magasin séparé de la salle de spectacle.

2. Les directeurs et entrepreneurs des spectacles seront tenus de disposer dans la salle un réservoir toujours plein d'eau, et au moins une pompe continuellement en état d'être employée.

3. Ils seront obligés de solder en tout temps des pompiers exercés, de manière qu'il s'en trouve toujours en nombre suffisant pour le service au besoin.

4. Un pompier sera constamment en sentinelle dans l'intérieur de la salle.

5. Un poste de garde sera placé à chaque théâtre, de manière qu'un factionnaire, relevé toutes les heures, puisse continuellement veiller avec un pompier dans l'intérieur, hors le temps des représentations.

6. A la fin des spectacles, le concierge, accompagné d'un chien de ronde, visitera toutes les parties de la salle pour s'assurer que personne n'est resté caché dans l'intérieur, et qu'il ne subsiste aucun indice qui puisse faire craindre un incendie.

7. Cette visite, après le spectacle, se fera en présence d'un administrateur magistral, ou d'un commissaire de police, qui la constatera sur un registre tenu à cet effet par le concierge.

8. Les dépôts de machines et décorations, la surveillance et le service pour les salles de spectacle, déterminés par le présent arrêté, seront établis sans délai, par le bureau central dans les communes au-dessus de cent mille

âmes; dans les autres communes par les administrations municipales.

9. Tout théâtre dans lequel les précautions et formalités ci-dessus prescrites auront été négligées ou omises un seul jour sera fermé à l'instant.

10. Le présent arrêté sera inséré au Bulletin des lois, etc.

GARDE.

Extrait de l'arrêté du 12 vendémiaire an XI (4 octobre 1802).

TITRE IX.

Art. 45. Outre le service ordinaire de police, la *garde municipale* fera celui de tous les spectacles et bals publics; elle fournira les gardes qui pourraient être demandées à la police pour bals et fêtes particulières. Le préfet de police déterminera le nombre d'individus qui seront accordés pour ces divers services, et la rétribution qui sera due à chacun d'eux.

La moitié de la rétribution déterminée par le préfet de police sera donnée à celui ou à ceux qui auront fait ledit service, et l'autre moitié sera répartie de six en six mois, entre les sous-officiers et soldats de la totalité de la garde municipale, au prorata de leur solde.

(Bulletin des lois, n° 221. — An XI.)

Décret du 8 juin 1806.

TITRE Iᵉʳ.

Des Théâtres de la capitale.

Art. 1ᵉʳ. Aucun théâtre ne pourra s'établir dans la capitale, sans notre autorisation spéciale, sur le rapport qui nous en sera fait par notre ministre de l'intérieur.

2. Tout entrepreneur qui voudra obtenir cette autorisation, sera tenu de faire la déclaration prescrite par la loi, et de justifier, devant notre ministre de l'intérieur, des moyens qu'il aura pour assurer l'exécution de ses engagements.

3. Le théâtre dit *de Louvois* sera placé à l'*Odéon* aussitôt que les réparations seront achevées.

Les entrepreneurs du théâtre Montansier, d'ici au 1ᵉʳ janvier 1807, établiront leur théâtre dans un autre local.

4. Les répertoires de l'Opéra, de la Comédie Française et de l'Opéra-Comique, seront arrêtés par le ministre de l'intérieur, et nul autre théâtre ne pourra représenter à Paris des pièces comprises dans les répertoires de ces grands théâtres, sans leur autorisation et sans leur payer une rétribution qui sera réglée de gré à gré et avec l'autorisation du ministre.

5. Le ministre de l'intérieur pourra assigner à chaque théâtre un genre de spectacle dans lequel il sera tenu de se renfermer.

6. L'Opéra pourra seul donner des ballets ayant les caractères qui sont propres à ce théâtre, et qui seront déterminés par le ministre de l'intérieur.

Il sera le seul théâtre qui pourra donner des bals masqués.

TITRE II.

Théâtres des départements.

7. Dans les grandes villes de l'Empire, les théâtres seront réduits au nombre de deux. Dans les autres villes, il n'en pourra subsister qu'un. Tous devront être munis de l'autorisation du préfet, qui rendra compte de leur situation au ministre de l'intérieur.

8. Aucune troupe ambulante ne pourra subsister sans l'autorisation des ministres de l'intérieur et de la police. Le ministre de l'intérieur désignera les arrondissements qui leur seront destinés, et en préviendra les préfets.

9. Dans chaque chef-lieu de département, le théâtre principal jouira seul du droit de donner des bals masqués.

TITRE III.

Des Auteurs.

10. Les auteurs et les entrepreneurs seront libres de déterminer entre eux, par des conventions mutuelles, les rétributions dues aux premiers, par somme fixe ou autrement.

11. Les autorités locales veilleront strictement à l'exécution de ces conventions.

12. Les propriétaires d'ouvrages dramatiques posthumes ont les mêmes droits que l'auteur, et les dispositions sur la propriété des auteurs, et sur sa durée, leur sont applicables, ainsi qu'il est dit au décret du 1er germinal an XIII.

TITRE IV.

Dispositions générales.

13. Tout entrepreneur qui aura fait faillite ne pourra plus rouvrir de théâtre.

14. Aucune pièce ne pourra être jouée sans l'autorisation du ministre de la police générale.

15. Les spectacles de curiosités seront soumis à des règlements particuliers, et ne porteront plus le titre de théâtres.

16. Nos ministres de l'intérieur et de la police générale sont chargés de l'exécution du présent décret.

Règlement pour les Théâtres.

Le ministre de l'intérieur, en exécution du décret du 8 juin 1806, relatif aux théâtres, arrête ce qui suit :

TITRE Ier.

Des Théâtres de Paris.

ART. 1er. Les théâtres dont les noms suivent sont considérés comme *grands théâtres*, et jouiront des prérogatives attachées à ce titre par le décret du 8 juin 1806 :

1°. *Le Théâtre Français.*

Ce théâtre est spécialement consacré à la *tragédie* et à la *comédie*.

Son répertoire est composé, 1°. de toutes les pièces (tragédies, comédies et drames) jouées sur l'ancien théâtre de l'hôtel de Bourgogne, sur celui que dirigeait Molière, et sur le théâtre qui s'est formé de la réunion de ces deux établissements, et qui a existé sous diverses dénominations jusqu'à ce jour ; 2°. des comédies jouées sur divers théâtres dits *Italiens*, jusqu'à l'établissement de l'Opéra-Comique.

L'*Odéon* sera considéré comme une annexe du Théâtre Français, pour la comédie seulement.

Son répertoire contient, 1°. les comédies et drames spécialement composés pour ce théâtre ; 2°. les comédies jouées sur les théâtres dits *Italiens,* jusqu'à l'établissement de l'Opéra-Comique : ces dernières pourront être représentées par l'Odéon concurremment avec le Théâtre français.

2°. *Le Théâtre de l'Opéra.*

Ce théâtre est spécialement consacré au chant et à la danse : son répertoire est composé de tous les ouvrages, tant opéras que ballets, qui ont paru depuis son établissement en 1646.

1°. Il peut seul représenter les pièces qui sont entièrement en musique et les ballets du genre noble et gracieux : tels sont tous ceux dont les sujets ont été puisés dans la mythologie ou dans l'histoire, et dont les principaux personnages sont des dieux, des rois ou des héros.

2°. Il pourra aussi donner (mais non exclusivement à tout autre théâtre) des ballets représentant des scènes champêtres ou des actions ordinaires de la vie.

3°. *Le Théâtre de l'Opéra-Comique.*

Ce théâtre est spécialement destiné à la représentation de toute espèce de comédies ou drames mêlés de couplets, d'ariettes et de morceaux d'ensemble.

Son répertoire est composé de toutes les pièces jouées sur le théâtre de l'Opéra-Comique, avant et après sa réunion à la Comédie Italienne, pourvu que le dialogue de ces pièces soit coupé par du chant

L'*Opéra Buffa* doit être considéré comme une annexe de l'Opéra-Comique. Il ne peut représenter que des pièces écrites en italien.

2. Aucun des airs, romances et morceaux de musique qui auront été exécutés sur les théâtres de l'Opéra et de

l'Opéra-Comique, ne pourra, sans l'autorisation des auteurs ou propriétaires, être transporté sur un autre théâtre de la capitale, même avec des modifications dans les accompagnements, que cinq ans après la première représentation de l'ouvrage dont ces morceaux font partie.

3. Seront considérés comme *théâtres secondaires :*

1°. *Le Théâtre du Vaudeville.*

Son répertoire ne doit contenir que de petites pièces mêlées de couplets sur des airs connus, et des parodies.

2°. *Le Théâtre des Variétés,* boulevart Montmartre.

Son répertoire est composé de petites pièces dans le genre *grivois, poissard* ou *villageois,* quelquefois mêlées de couplets également sur des airs connus.

3°. *Le Théâtre de la porte Saint-Martin.*

Il est spécialement destiné au genre appelé *mélodrame*, aux pièces à grand spectacle. Mais dans les pièces du répertoire de ce théâtre, comme dans toutes les pièces des théâtres secondaires, on ne pourra employer pour les morceaux de chant que des airs connus.

On ne pourra donner sur ce théâtre des ballets dans le genre historique et noble; ce genre, tel qu'il est indiqué plus haut, étant exclusivement réservé au grand Opéra.

4°. *Le Théâtre de la Gaîté.*

Il est spécialement destiné aux *pantomimes* de tous genres, mais sans ballets, *arlequinades* et autres *farces,* dans le goût de celles données autrefois par Nicolet sur ce théâtre.

5°. *Le Théâtre des Variétés étrangères.*

Le répertoire de ce théâtre ne pourra être composé que de pièces traduites des *théâtres étrangers.*

4. Les autres théâtres actuellement existant à Paris, et autorisés par la police antérieurement au décret du

juin 1806, seront considérés comme annexes ou doubles des *théâtres secondaires* : chacun des directeurs de ces établissements est tenu de choisir, parmi les gens qui appartiennent aux théâtres secondaires, le genre qui paraîtra convenir à son théâtre.

Ils pourront jouer, ainsi que les théâtres secondaires, quelques pièces des répertoires des grands théâtres, mais seulement avec l'autorisation des administrations de ces spectacles, et après qu'une rétribution due aux grands théâtres aura été réglée de gré à gré, conformément à l'article 4 du décret du 8 juin, et autorisée par le ministre de l'intérieur.

5. Aucun des théâtres de Paris ne pourra jouer des pièces qui sortiraient du genre qui lui a été assigné.

Mais lorsqu'une pièce aura été refusée à l'un des trois grands théâtres, elle pourra être jouée sur l'un ou l'autre des théâtres de Paris, pourvu toutefois que la pièce se rapproche du genre assigné à ce théâtre.

6. Lorsque les directeurs et entrepreneurs de spectacles voudront s'assurer que les pièces qu'ils ont reçues ne sortent point du genre de celles qu'ils sont autorisés à représenter, et éviter l'interdiction inattendue d'une pièce dont la mise en scène aurait pu leur occasionner des frais, ils pourront déposer un exemplaire de ces pièces dans les bureaux du ministère de l'intérieur.

Lorsqu'une pièce ne paraîtra pas être du genre qui convient au théâtre qui l'aura reçue, les entrepreneurs ou directeurs de ce théâtre en seront prévenus par le ministre.

L'examen des pièces dans les bureaux du ministère de l'intérieur, et l'approbation donnée à leur représentation, ne dispenseront nullement les directeurs de recourir au ministère de la police, où les pièces doivent être examinées sous d'autres rapports.

7. Pour que les théâtres n'aient pas à souffrir de cette détermination et distribution de genres, le ministre leur permet de conserver en entier leurs anciens répertoires, quand même il s'y trouverait quelques pièces qui ne fussent pas du genre qui leur est assigné; mais ces anciens répertoires devront rester rigoureusement tels qu'ils ont été déposés dans les bureaux du ministère de l'intérieur, et arrêtés par le ministre.

Par cet article, toutefois, il n'est nullement contrevenu à l'article 4 du décret du 8 juin, qui ne permet à aucun théâtre de Paris de jouer les pièces des grands théâtres sans leur payer une rétribution.

TITRE II.

Répertoires des théâtres dans les départements.

8. Dans les départements, les troupes *permanentes* ou *ambulantes* pourront jouer, soit les pièces des répertoires des grands théâtres, soit celles des théâtres secondaires et de leurs doubles (sauf les droits des auteurs ou des propriétaires de ces pièces).

9. Dans les villes où il y a deux théâtres, le *principal théâtre* jouira spécialement du droit de représenter les pièces comprises dans les répertoires des grands théâtres; il pourra aussi, mais avec l'autorisation du préfet, choisir et jouer quelques pièces des théâtres secondaires, sans que pour cela l'autre théâtre soit privé du droit de jouer ces mêmes pièces.

Le *second théâtre* jouira spécialement du droit de représenter les pièces des répertoires des théâtres secondaires; il ne pourra jouer les pièces des trois grands théâtres, que dans les suppositions suivantes :

1°. Si les auteurs mêmes lui ont vendu ou donné leurs pièces;

2°. Si le premier théâtre n'a point joué telle ou telle pièce depuis plus d'un an, à compter du jour de sa première représentation, à Paris, sur un des grands théâtres : dans ce cas, le second théâtre pourra jouer cette pièce pendant une année entière, et même plus longtemps, si, pendant le cours de cette année, la pièce n'a point été représentée par le principal théâtre.

Au reste, le préfet, dans les villes où il y a deux théâtres, peut en outre autoriser le second théâtre à représenter des pièces des grands répertoires, toutes les fois qu'il le jugera convenable.

Lorsque le second théâtre, dans ces villes, se sera préparé à la représentation d'une pièce du genre de celles qui forment son répertoire, le grand théâtre ne pourra empêcher ni retarder cette représentation, sous aucun prétexte, et quand même il prouverait qu'il a obtenu du préfet l'autorisation de jouer la même pièce.

TITRE III.

Désignations des arrondissements destinés aux troupes de comédiens ambulantes.

10. Les villes qui ne peuvent avoir de spectacle que pendant une partie de l'année, ont été classées de manière à former vingt-cinq *arrondissements*.

Le tableau de ces arrondissements, et celui du nombre de troupes qui paraîtrait nécessaire pour chacun d'eux, sont joints au présent règlement.

11. Aucun entrepreneur de spectacles ne pourra en-

voyer de troupes ambulantes dans l'un ou l'autre de ces arrondissements, 1°. s'il n'y a été formellement autorisé par le ministre de l'intérieur, devant lequel il devra faire preuve des moyens qu'il peut avoir de remplir ses engagements ; 2°. s'il n'est, en outre, muni de l'approbation du ministre de la police générale.

12. Les entrepreneurs de spectacles qui se présenteront pour tel ou tel arrondissement, devront, *avant le 1er août prochain*, et dans les années subséquentes, toujours avant la même époque,

1°. Désigner le nombre de sujets dont seront composées la troupe ou les troupes qu'ils se proposent d'employer ;

2°. Indiquer à quelle époque leurs troupes se rendront, et combien de temps ils s'engageront à les faire rester dans chaque ville de l'arrondissement postulé par eux.

13. Chaque autorisation ne sera accordée que pour trois années au plus. Les conditions auxquelles ces concessions seront faites, seront communiquées aux préfets, qui en surveilleront l'exécution.

L'inexécution de ces conditions sera dénoncée au ministre par les préfets, et punie par la révocation des autorisations, et, s'il y a lieu, par des indemnités qui seront versées dans la caisse des pauvres.

14. Des doubles de chacune des autorisations accordées aux entrepreneurs de spectacles par le ministre de l'intérieur, seront envoyés au ministre de la police générale, pour qu'il donne de son côté, à ces entrepreneurs, une approbation particulière, s'il n'y trouve aucun inconvénient. Il lui sera donné connaissance de toutes les mutations qui pourront survenir parmi les entrepreneurs de spectacles.

15. Dans les villes où un théâtre peut subsister pendant toute l'année, l'autorisation d'y établir une troupe sera accordée par les préfets, conformément à l'article 7 du décret du 8 juin. Ce seront également les préfets qui accorderont ces autorisations dans les villes où il y a deux théâtres.

16. Les autorisations pour les troupes ambulantes seront délivrées aux entrepreneurs de spectacles dans le courant de l'année 1807. La nouvelle organisation des spectacles en cette partie devra être en pleine activité au renouvellement de *l'année théâtrale* (en avril 1808). En attendant, les préfets sont autorisés à suivre, à l'égard des troupes ambulantes, les dispositions qui ont été en vigueur jusqu'à ce jour, s'ils n'y ont déjà dérogé.

TITRE IV.

Dispositions générales.

17. Les spectacles n'étant point au nombre des jeux publics auxquels assistent les fonctionnaires en leur qualité, mais des amusements préparés et dirigés par des particuliers qui ont spéculé sur le bénéfice qu'ils doivent en retirer, personne n'a le droit de jouir gratuitement d'un amusement que l'entrepreneur vend à tout le monde. Les autorités n'exigeront donc d'entrées gratuites des entrepreneurs, que pour le nombre d'individus jugé indispensable pour le maintien de l'ordre et de la sûreté publique.

18. Il est fait défense aux entrepreneurs, directeurs ou régisseurs de spectacles et concerts, d'engager aucun élève des écoles de chant ou de déclamation du Conservatoire, sans l'autorisation spéciale du ministre de l'intérieur.

19. L'autorité chargée de la police des spectacles prononcera provisoirement sur toutes contestations, soit entre les directeurs et les acteurs, soit entre les directeurs et les auteurs ou leurs agents, qui tendraient à interrompre le cours ordinaire des représentations; et la décision provisoire pourra être exécutée, nonobstant le recours vers l'autorité à laquelle il appartiendra de juger le fond de la contestation.

Fait à Paris, le 25 avril 1807.

Le ministre de l'intérieur,
Champagny.

Décret du 8 août 1807.

Au palais de Saint-Cloud, etc.

TITRE Ier.

Dispositions générales.

Art. 1er. Aucune représentation à bénéfice ne pourra avoir lieu que sur le théâtre même dont l'administration ou les entrepreneurs auront accordé le bénéfice de ladite représentation. Les acteurs des grands théâtres de Paris ne pourront jamais paraître, dans ces représentations, que sur le théâtre auquel ils appartiennent.

2. Les préfets, sous-préfets et maires, sont tenus de ne pas souffrir que, sous aucun prétexte, les acteurs des quatre grands théâtres de la capitale, qui auront obtenu un congé pour aller dans les départements, y prolongent leur séjour au-delà du temps fixé par le congé; en cas de contravention, les directeurs des spectacles seront condamnés à verser à la caisse des pauvres le montant de la

recette des représentations qui auront eu lieu après l'expiration du congé.

3. Aucune nouvelle salle de spectacle ne pourra être construite; aucun déplacement d'une troupe d'une salle dans une autre, ne pourra avoir lieu dans notre bonne ville de Paris, sans une autorisation donnée par nous, sur le rapport de notre ministre de l'intérieur.

TITRE II.

Du nombre des théâtres et des règles auxquelles ils sont assujettis.

4. Le maximum du nombre des théâtres de notre bonne ville de Paris est fixé à huit; en conséquence, sont seuls autorisés à ouvrir, afficher et représenter, indépendamment des quatre grands théâtres mentionnés en l'article 1er du règlement de notre ministre de l'intérieur, en date du 25 avril dernier, les entrepreneurs ou administrateurs des quatre théâtres suivants :

1°. Le théâtre de la Gaieté, établi en 1760; celui de l'Ambigu-Comique, établi en 1772, boulevart du Temple, lesquels joueront concurremment des pièces du même genre désignées aux paragraphes 3 et 4 de l'article 3 du règlement de notre ministre de l'intérieur.

2°. Le théâtre des Variétés, boulevart Montmartre, établi en 1777, et le théâtre du Vaudeville, établi en 1792; lesquels joueront concurremment des pièces du même genre désignées aux paragraphes 3 et 4 de l'art. 3 du règlement de notre ministre de l'intérieur.

5. Tous les théâtres non autorisés par l'article précédent seront fermés avant le 15 août. En conséquence, on ne pourra représenter aucune pièce sur d'autres théâtres dans notre bonne ville de Paris, que ceux ci-dessus désignés, sous aucun prétexte, ni y admettre le public, même

gratuitement, faire aucune affiche, distribuer aucun billet imprimé ou à la main, sous les peines portées par les lois et règlements de police.

6. Le règlement susdaté, fait par notre ministre de l'intérieur, est approuvé, pour être exécuté dans toutes les dispositions auxquelles il n'est pas dérogé par notre présent décret.

7. Nos ministres de l'intérieur et de la police générale sont chargés de l'exécution du présent décret.

DROITS EN FAVEUR DE L'OPÉRA.

Décret du 13 août 1811.

Sur le rapport de la commission de notre conseil d'État chargée de l'examen des comptes de l'Académie de Musique;

Notre conseil d'État entendu,

Nous avons décrété et décrétons ce qui suit:

SECTION 1re.

De la quotité du droit et de ceux qui devront l'acquitter.

ART. 1er. L'obligation à laquelle étaient assujettis les théâtres du second ordre, les petits théâtres, tous les cabinets de curiosités, machines, figures, animaux; toutes les joutes et jeux, et en général tous les spectacles de quelque genre qu'ils fussent, tous ceux qui donnaient des bals masqués ou des concerts dans notre bonne ville de Paris, de payer une redevance à notre Académie de musique, est rétablie, à compter du 1er septembre prochain.

Les panorama, cosmorama, Tivoli et autres établissements nouveaux, y sont de même assujettis, ainsi que le Cirque olympique, comme *théâtre* où l'on joue des pantomimes.

Nos théâtres **Français**, de l'**Opéra-Comique** et de l'**Odéon**, sont exceptés de la disposition concernant les théâtres.

2. Ne sont pas compris dans l'obligation imposée à ceux qui donnent des bals, tous les bals et danses qui ont lieu hors des murs d'enceinte, ou dans les guinguettes des faubourgs, même dans l'enceinte des murs.

3. Cette redevance sera, pour les bals, concerts, fêtes champêtres de Tivoli et autres du même genre, du cinquième brut de la recette, déduction faite du droit des pauvres; et pour les théâtres et tous les autres spectacles ou établissements, du vingtième de la recette, sous la même déduction (1).

SECTION II.

De l'abonnement.

4. Tous les individus soumis au paiement de la redevance, pourront faire un abonnement avec notre Académie de Musique.

5. La quotité de cet abonnement sera discutée et consentie contradictoirement entre les redevables, d'une part, et le directeur de notre Académie de Musique, conjointement avec l'administrateur comptable, d'autre part; il ne sera obligatoire qu'après l'approbation de notre surintendant des théâtres.

6. Il sera payable par douzième et par mois.

7. Il aura lieu pour trois ans au plus, pour un an au moins, pour les théâtres; et pour les autres établissements

---

(1) Par un décret de 1813, l'établissement de *Tivoli* a été descendu au dixième au lieu du cinquième brut.

par mois, et même par représentation, ou par jour d'ouverture de fête, bal ou concert.

Du paiement quand il n'y aura pas d'abonnement.

8. Le paiement, quand il n'y aura pas d'abonnement, se fera par douzième et par mois, pour les théâtres; pour les autres établissements débiteurs, il pourra être exigé par semaine, et même par jour, selon le cas.

9. Le directeur de notre Académie de Musique se concertera avec la régie du droit des pauvres pour rendre commune la surveillance qu'elle exerce, et il nommera les employés nécessaires pour assurer la perception et opérer le recouvrement.

En cas de contestation, elle sera portée devant les tribunaux, et jugée sommairement à la chambre du conseil, comme il est dit à l'article suivant.

Des poursuites.

10. L'administrateur comptable de notre Académie de Musique, en cas de retard de paiement pour dette non contestée, dressera, sur les états arrêtés par le directeur, une contrainte, qui sera rendue exécutoire, s'il y a lieu, par le préfet du département; et, en cas de contestation sur l'exécution, elle sera portée devant nos cours et tribunaux, et jugée, comme affaire sommaire, à la chambre du conseil, sur simples mémoires, nos gens du parquet entendus.

SECTION III.

Dispositions générales.

11. Aucun concert ne sera donné sans que le jour ait été fixé par le surintendant de nos théâtres, après avoir pris l'avis du directeur de notre Académie de Musique.

12. Toute contravention au présent décret, en ce qui

touchera l'ouverture d'un théâtre ou spectacle sans déclaration ou permission, sera poursuivie devant nos cours et tribunaux par voie de police correctionnelle, et punie des peines portées à l'article 410 du Code pénal, paragraphe premier.

13. Nos procureurs près nos cours et tribunaux sont chargés d'y tenir la main, et de faire, même d'office, toutes les poursuites nécessaires, selon le cas.

14. Notre grand-juge ministre de la justice, et nos ministres de l'intérieur et de la police générale sont chargés, chacun en ce qui le concerne, de l'exécution du présent décret, qui sera inséré au Bulletin des lois.

Nota. Ces redevances existaient avant la révolution. Dans un article inséré au *Journal de Paris*, le 13 septembre 1811, on voit qu'autrefois il y avait en général des abonnements pour les droits, et que la Comédie Italienne payait, par an.................. 40,000 fr.

Les Variétés amusantes................	40,000
L'Ambigu comique....................	30,000
Nicolet...............................	24,000
Le Concert spirituel...................	8,000
Curtius...............................	300
Les Associés.........................	600
Séraphin, par mois...................	24
Amphithéâtre d'Asthley, par représentation.	60
Ruggieri, par jour d'ouverture.........	72
Le Vaux-Hall, *idem*..................	48
Les Beaujolais, par représentation.....	48

Aujourd'hui on se demande s'il ne faudrait pas une loi pour autoriser la perception de ce droit, qui n'est autre chose qu'une imposition indirecte.

PRÉFECTURE DE POLICE.

Ordonnance concernant la police extérieure et intérieure des spectacles.

Paris, le 27 décembre 1811.

Vu les articles 2, 12 et 36 de l'arrêté du gouvernement du 12 messidor an VIII;

Ordonnons ce qui suit :

ART. 1er. Nul théâtre ne peut être ouvert dans la ville de Paris sans que les entrepreneurs aient rempli préalablement les formalités et se soient munis des autorisations voulues par les lois et les décrets.

2. L'ouverture d'un théâtre ne peut avoir lieu qu'après qu'il a été constaté que la salle est solidement construite, que les précautions relatives aux incendies et ordonnées par l'arrêté du gouvernement du 1er germinal an VII, ont été prises, et qu'il ne se trouve rien sous les péristyles et vestibules qui puisse en aucune manière gêner la circulation.

3. Tout spectacle actuellement ouvert ou qui pourrait l'être par la suite, sera fermé à l'instant, si les entrepreneurs, au mépris de l'arrêté précité, négligent *un seul jour* d'entretenir les réservoirs pleins d'eau, les pompes en état, et de surveiller les personnes qui doivent constamment être prêtes à porter des secours.

4. Les entrepreneurs de spectacles ne peuvent faire distribuer un nombre de billets excédant celui des individus que leurs salles peuvent contenir.

5. Il est enjoint aux entrepreneurs de faire fermer exactement, pendant toute la durée du spectacle, les portes de communication de la salle aux coulisses, aux

foyers particuliers et aux loges des artistes, où il ne doit être admis aucune personne étrangère au service du théâtre.

6. Il leur est pareillement enjoint de faire ouvrir, à la fin du spectacle, toutes les portes pour faciliter la prompte sortie du public.

7. Il ne peut être annoncé dans l'intérieur des salles de spectacle, par les libraires ou leurs commissionnaires, d'autres ouvrages que des pièces de théâtre.

8. Il est défendu de s'arrêter dans les péristyles et vestibules servant d'entrée aux théâtres (*Ordonnance du 24 décembre* 1769).

9. Il est expressément défendu à quelque personne que ce soit de *revendre* au public des billets pris aux bureaux, ou d'en *vendre* qui proviendraient d'aucune autre source.

10. Il est défendu de parler et de circuler dans les corridors pendant la représentation, de manière à troubler l'ordre.

11. Il est également défendu de troubler la tranquillité des spectateurs, soit par des clameurs, soit par des applaudissements ou des signes d'improbation avant que la toile soit levée, ni pendant les entr'actes.

12. Nul ne peut avoir le chapeau sur la tête lorsque la toile est levée.

13. Dans les grands théâtres, pendant toute la durée du spectacle, nul ne peut, une fois que la toile aura été levée, avoir le chapeau sur la tête.

14. Il ne peut y avoir, pour le service public, à l'entrée des théâtres, que des commissionnaires reconnus par la police.

Ils portent ostensiblement une plaque de cuivre sur

laquelle sont gravés le numéro de leur permission, et le nom du théâtre auquel ils sont attachés.

15. Les voitures ne peuvent arriver aux différents théâtres que par les rues désignées dans les consignes.

Il est expressément défendu aux cochers de quitter, sous quelque prétexte que ce soit, les rênes de leurs chevaux pendant que descendent ou remontent les personnes qu'ils ont amenées.

16. Les voitures particulières destinées à attendre jusqu'à la fin du spectacle doivent aller se placer dans les lieux désignés à cet effet.

17. A la sortie du spectacle, les voitures qui auront attendu ne peuvent se mettre en mouvement que quand la première foule est écoulée.

18. Les voitures de place ne peuvent charger qu'après le défilé des autres voitures.

19. Aucune voiture ne doit aller plus vite qu'au pas, et sur une seule file, jusqu'à ce qu'elle soit sortie des rues environnant le spectacle.

20. Il doit y avoir dans chaque théâtre un corps-de-garde et un bureau pour les officiers de police.

21. Il ne peut y avoir au spectacle qu'une garde extérieure (*Loi du* 10 *janvier* 1791).

22. La garde ne pénètre dans l'intérieur des salles que dans le cas où la sûreté publique serait compromise, et sur la réquisition de l'officier de police.

23. Tout particulier est tenu d'obéir provisoirement à l'officier de police (*Loi précitée*).

En conséquence, tout particulier invité ou sommé par lui de sortir de l'intérieur de la salle, doit se rendre sur-le-champ au bureau de police pour y donner les explications qui pourraient lui être demandées.

24. Tout individu arrêté, soit à la porte du théâtre, soit dans l'intérieur de la salle, doit être conduit au bureau de l'officier de police qui, *seul*, peut prononcer son renvoi devant l'autorité compétente, ou provisoirement sa mise en liberté.

25. Il sera pris envers les contrevenants aux dispositions ci-dessus telles mesures de police administrative qu'il appartiendra, sans préjudice des poursuites à exercer contre eux par-devant les tribunaux, conformément aux lois et règlements de police.

26. La présente ordonnance sera imprimée, affichée dans Paris, et particulièrement à l'extérieur et dans l'intérieur des théâtres.

Les commissaires de police, l'inspecteur général de police, les officiers de paix et les préposés de la préfecture sont chargés, chacun en ce qui le concerne, de tenir la main à son exécution.

Instruction sur les Théâtres.

Mai 1815.

1. La France est divisée en vingt-cinq arrondissements de théâtres.

2. Chaque arrondissement comprend un ou plusieurs départements, selon que ceux-ci ont plus ou moins de villes susceptibles d'avoir du spectacle.

3. Les arrondissements peuvent avoir deux espèces de directeurs :

Des directeurs de troupes stationnaires pour les villes qui ont des spectacles permanents ;

Des directeurs de troupes ambulantes pour desservir

les communes qui ne pourraient avoir un spectacle à l'année.

4. Les directeurs de troupes stationnaires sont désignés par les préfets, et nommés par le ministre de l'intérieur.

5. Les directeurs de troupes ambulantes sont choisis par le ministre, d'après les notes qui lui sont directement parvenues ou qui lui ont été remises par les préfets.

6. Les seuls directeurs nommés suivant ces formalités peuvent entretenir des troupes de comédiens.

7. Tout particulier qui se présente pour obtenir une direction, doit faire preuve de ses moyens pour soutenir une entreprise théâtrale.

Les directeurs peuvent être astreints à fournir un cautionnement en immeubles.

8. Les directions de théâtres permanents sont accordées pour une, deux, trois, ou même un plus grand nombre d'années, selon que le proposent les préfets, et que le ministre le juge convenable.

9. Les directions de troupes ambulantes ne peuvent être accordées que pour trois ans au plus.

10. Dès qu'un directeur de théâtre a reçu son brevet du ministre de l'intérieur, il doit, avant d'entrer en exercice, aller prendre les ordres du ministre de la police générale, à qui il est fait part de sa nomination.

11. Tout directeur, dans le mois de sa nomination, et chaque année, dans le mois qui précède l'ouverture de la campagne, doit envoyer au ministre de l'intérieur le tableau de ses acteurs et actrices.

Il peut avoir une troupe composée de comédie et d'opéra, ou deux troupes, l'une de comédie et l'autre d'opéra.

Il ne doit engager ou faire engager aucun acteur que

sur le vu d'un congé délivré par le directeur dont cet artiste quitte la troupe, et avoir soin, lui ou son agent, de garder le congé par-devers soi.

12. Il doit soumettre, tous les ans, son répertoire général au ministre de l'intérieur.

Aucune pièce ne doit, au surplus, être portée par un directeur sur son répertoire, qu'avec l'autorisation du ministre de la police.

13. Le ministre de l'intérieur assigne à chaque théâtre le genre dans lequel il doit se renfermer.

Dans les villes où il n'y a qu'un seul théâtre permanent, et dans les communes desservies par une troupe ambulante, les directeurs peuvent faire jouer les pièces des grands théâtres de Paris et celles des théâtres secondaires.

14. Dans les villes où il y a deux théâtres (et il ne peut y en avoir davantage, excepté à Paris), le *principal théâtre* jouit du droit de représenter les pièces comprises dans le répertoire des grands théâtres de Paris.

Le *second théâtre* jouit du droit de représenter les pièces du répertoire des théâtres secondaires.

Les préfets peuvent, au reste, et lorsqu'ils le jugent à propos, autoriser les directeurs des *principaux théâtres* à donner des pièces du répertoire des théâtres secondaires, et également, en de certains cas, permettre aux *seconds théâtres* de représenter des ouvrages du répertoire des grands théâtres.

15. Les directeurs des troupes ambulantes soumettent leur itinéraire au ministre, qui l'arrête, après l'avoir modifié, s'il y a lieu, et l'envoie aux préfets, pour que l'ordre, une fois établi, soit maintenu pour le temps de la durée du brevet.

16. Les directeurs ne peuvent, en aucune manière, avoir de sous-traitants; ils sont tenus d'être eux-mêmes à la tête de la troupe qui dessert l'arrondissement. Quand ils ont deux troupes, ils conduisent la principale d'entre elles, et choisissent pour la seconde un régisseur dont ils font connaître le nom au ministre, et dont ils répondent.

17. Les préfets des départements dans lesquels il y a des théâtres permanents, rendent compte, tous les trois mois, de la conduite des directeurs.

Ils rendent compte de la conduite des directeurs de troupes ambulantes, à chaque séjour que celles-ci ont fait dans les villes de leurs départements.

18. Aux mêmes époques, les préfets exigent des directeurs, et font passer, au ministre de l'intérieur, l'état des recettes et dépenses des troupes permanentes ou ambulantes.

19. Les directeurs sur lesquels viennent des notes favorables, ceux qui ont fait un meilleur choix de pièces, qui ont le plus soigné les représentations, qui ont enfin exactement rempli tous leurs engagements, sont dans le cas d'obtenir des récompenses et des encouragements.

Les acteurs qui se conduisent bien et qui font preuve de talents distingués, sont pareillement susceptibles d'obtenir des marques de satisfaction de la part du ministère.

20. L'inexécution des conditions faites aux directeurs entraînerait la révocation de leur brevet.

21. Les directeurs des troupes stationnaires, dans les lieux où ils sont établis, et les directeurs des troupes ambulantes, dans les lieux où ils se trouvent exercer, eux ou leurs régisseurs régulièrement reconnus, ont le

droit de percevoir un cinquième sur la recette brute des spectacles de curiosité de quelque genre et sous quelque dénomination qu'ils soient, défalcation faite toutefois du droit des pauvres. Au temps du carnaval, les directeurs jouissent, aux lieux indiqués ci-dessus, du droit de donner seuls les bals masqués.

22. Les salles de spectacle appartenant aux communes, peuvent, sur la proposition des maires et des préfets, être abandonnées gratuitement aux directeurs.

23. Quant aux salles appartenant à des particuliers, le loyer en peut être payé par les communes, à la décharge du directeur. Les conseils municipaux prennent à ce sujet des délibérations que les préfets transmettent au ministre de l'intérieur, avec leurs avis, pour le rapport en être fait, s'il y a lieu, et les sommes nécessaires portées aux budgets.

24. En général, il doit être pris, autant que possible, des mesures pour que toutes les communes deviennent propriétaires de salles de spectacle.

25. Dans les villes susceptibles d'avoir un théâtre, et qui n'ont point encore de salle communale ou particulière, il doit être avisé aux moyens d'en faire construire une.

26. Les spectacles n'étant point au nombre des jeux publics auxquels les fonctionnaires assistent en leur qualité, il ne doit point y avoir pour eux de places, encore moins de loges *gratuites* réservées aux théâtres.

27. Les autorités ne peuvent exiger d'entrées gratuites des entrepreneurs, que pour le nombre d'individus jugé indispensable au maintien de l'ordre et de la sûreté publique.

28. Il est fait défense aux directeurs d'engager, soit pour leurs spectacles, soit pour les concerts qu'ils sont

dans le cas de donner, aucun élève des écoles de chant et de déclamation du Conservatoire, sans l'autorisation du ministre de l'intérieur.

29. Les préfets, les sous-préfets et les maires sont tenus de ne souffrir, sous aucun prétexte, que les acteurs des théâtres de Paris ou des théâtres de toute autre ville, qui ont obtenu un congé de leur société ou de leur directeur pour voyager dans les départements, y prolongent leur séjour au-delà du temps fixé par le congé.

En cas de contravention, les directeurs de spectacles peuvent être condamnés à verser à la caisse des pauvres le montant de la recette des représentations qui ont eu lieu après l'expiration du congé.

30. Les préfets et les maires doivent veiller à la stricte exécution des lois, décrets et instructions relatifs aux droits des auteurs dramatiques.

31. L'autorité chargée de la police des spectacles prononce provisoirement sur toutes contestations, soit entre les directeurs et les acteurs, soit entre les directeurs et les auteurs ou leurs agents, qui tendraient à interrompre le cours ordinaire des représentations; et la décision provisoire peut être exécutée, nonobstant le recours vers l'autorité supérieure à laquelle il appartient de juger le fond de la question.

Ordonnance concernant la police intérieure et extérieure des spectacles.

Paris, le 12 février 1828.

Nous, préfet de police,

Vu les art. 2, 12 et 36 de l'arrêté du Gouvernement, du 12 messidor an VIII (1er juillet 1800);

Ordonnons ce qui suit :

Art. 1er. Nul théâtre ne peut être ouvert dans la ville de Paris, ni dans toute l'étendue de notre juridiction, sans que les entrepreneurs aient rempli préalablement les formalités et se soient pourvus des autorisations voulues par les lois et décrets.

2. L'ouverture d'un théâtre ne peut avoir lieu qu'après qu'il a été constaté que la salle est solidement construite ; que les précautions relatives aux incendies et ordonnées par l'arrêté du Gouvernement du 1er germinal an VII (21 mars 1799) ont été prises, et qu'il ne se trouve rien, sous les péristyles et vestibules, qui puisse en aucune manière gêner la circulation.

3. Tout spectacle actuellement ouvert, ou qui pourrait l'être par la suite, sera fermé à l'instant si les entrepreneurs, au mépris de l'arrêté, négligent un seul jour d'entretenir les réservoirs pleins d'eau, les pompes et leurs agrès en état, et de surveiller les personnes qui doivent constamment être prêtes à porter des secours.

4. Les entrepreneurs de spectacles ne peuvent faire distribuer un nombre de billets excédant celui des individus que leurs salles peuvent contenir, ni inscrire sur les portes des loges un nombre de places supérieur à leur capacité.

5. Il est enjoint aux entrepreneurs de faire fermer exactement, pendant toute la durée du spectacle, les portes de communication de la salle aux coulisses, aux foyers particuliers et aux loges des artistes, où il ne doit être admis aucune personne étrangère au théâtre.

6. Il leur est pareillement enjoint de faire ouvrir, à la fin du spectacle, toutes les issues pour faciliter la prompte sortie du public. Les battants de toutes les portes devront s'ouvrir en dehors.

7. Il est expressément défendu aux directeurs de théâtres de faire cesser l'éclairage dans l'intérieur de la salle, dans les escaliers, corridors et vestibules, avant l'entière évacuation du théâtre.

8. Il est défendu d'entrer aux parterres et amphithéâtres avec des cannes, des armes ou des parapluies. Dans chaque théâtre, il doit y avoir, le plus à la portée des personnes qui veulent entrer dans ces parties de la salle, un lieu destiné à recevoir ces objets en dépôt.

9. Il ne peut être annoncé dans l'intérieur des salles de spectacle, par les libraires ou leurs commissionnaires, d'autres ouvrages que des pièces de théâtre.

Défense est faite de les jeter aux personnes qui les leur demandent.

10. Il est permis à ces mêmes libraires d'annoncer et de distribuer dans l'intérieur des théâtres un bulletin du spectacle; mais ce bulletin ne doit contenir que l'annonce du spectacle du jour et le nom des acteurs qui doivent figurer dans les pièces.

11. Il est défendu de s'arrêter dans les péristyles ou vestibules servant d'entrée aux théâtres (ordonnance du 24 décembre 1769), et de sationner sur la voie publique aux abords de ces établissements.

12. La vente des billets pris aux bureaux ou qui proviendraient d'une autre source est pareillement défendue, comme gênant la circulation, compromettant l'ordre et la tranquillité publique, et donnant lieu à un nouveau genre d'escroquerie.

La vente de toute contremarque ne peut avoir lieu, dans les théâtres où l'on joue plus de deux pièces, qu'après la représentation de la deuxième pièce, et, dans les autres, après la représentation de la première.

13. Il est défendu de parler et de circuler dans les cor-

ridors, pendant la représentation, de manière à troubler l'ordre.

14. Il est également défendu de troubler la tranquillité des spectateurs, soit par des clameurs, soit par des applaudissements ou des signes d'improbation, avant que la toile soit levée ou pendant les entr'actes.

15. Nul ne peut avoir le chapeau sur la tête lorsque la toile est levée.

16. Il ne peut y avoir pour le service public, à l'entrée des théâtres, que des commissionnaires reconnus par la police. Ils portent ostensiblement une plaque de cuivre sur laquelle sont gravés le numéro de leur permission et le nom du théâtre auquel ils sont attachés.

Il leur est défendu d'approcher des bureaux où l'on distribue des billets.

17. Les voitures ne peuvent arriver aux différents théâtres que par les rues désignées dans les consignes.

Il est expressément défendu aux cochers de quitter, sous quelque prétexte que ce soit, les rênes de leurs chevaux, pendant que descendent ou remontent les personnes qu'ils ont amenées.

18. Les voitures particulières destinées à attendre jusqu'à la fin du spectacle doivent aller se placer dans les lieux désignés à cet effet.

19. A la sortie du spectacle, les voitures qui auront attendu ne pourront se mettre en mouvement que quand la première foule sera écoulée.

20. Les voitures de place ne peuvent charger qu'après le défilé des autres voitures.

21. Aucune voiture ne doit aller plus vite qu'au pas et sur une seule file, jusqu'à ce qu'elle soit sortie des rues environnant le spectacle.

22. Il y aura, dans chaque théâtre, un commissaire de police chargé de la surveillance générale; une place convenablement située lui sera assignée dans l'intérieur.

Il y sera en costume; les officiers de paix qui lui seront envoyés pour le seconder et faire exécuter ses ordres auront aussi la marque distinctive de leurs fonctions.

23. Il doit y avoir dans chaque théâtre un corps-de-garde et un bureau pour les officiers de police.

24. Il ne peut y avoir, pour les théâtres, qu'une garde extérieure (loi du 19 janvier 1791); elle sera spécialement chargée du maintien de l'ordre et de la libre circulation au dehors, et du placement des voitures.

25. La garde ne pénètre dans l'intérieur des salles que dans le cas où la sûreté publique serait compromise, et sur la réquisition du commissaire de police.

26. Tout particulier est tenu d'obéir provisoirement à l'officier de police (loi précitée).

En conséquence, tout particulier invité ou sommé par lui de sortir de l'intérieur de la salle doit se rendre sur-le-champ au bureau de police pour y donner les explications qui pourraient lui être demandées.

27. Tout individu arrêté, soit à la porte du théâtre, soit dans l'intérieur de la salle, doit être conduit devant le commissaire de police, qui seul peut prononcer son renvoi devant l'autorité compétente, ou provisoirement sa mise en liberté.

28. Il sera pris envers les contrevenants telle mesure de police administrative qu'il appartiendra, sans préjudice des poursuites à exercer contre eux devant les tribunaux.

29. La présente ordonnance sera imprimée et affichée dans Paris, et particulièrement à l'extérieur et dans l'intérieur des théâtres.

Elle sera également affichée dans les communes rurales du ressort de la préfecture de police.

Les sous-préfets de Sceaux et de Saint-Denis, les maires et adjoints des communes rurales du ressort de la préfecture de police, les commissaires de police, le chef de la police centrale, les officiers de paix et les préposés de la préfecture de police, sont chargés, chacun en ce qui le concerne, de tenir la main à son exécution.

M. le colonel de la gendarmerie royale de Paris est invité à en assurer l'exécution par tous les moyens qui sont à sa disposition.

Le préfet de police,
Signé Debelleyme.
Par le préfet,
Le secrétaire-général,
Signé L. de Fougères.

Ordonnance concernant les mesures de sûreté publique et le mode de constructions à observer dans l'érection des salles de spectacle.

Paris, le 9 juin 1829.

Nous, préfet de police, vu les dispositions 1°. de l'art. 3, §. 5 du tit. xi de la loi des 16 et 24 août 1790, qui confient à l'autorité municipale le soin de prévenir, par les précautions convenables, les accidents et fléaux calamiteux, tels que les incendies, etc.;

2°. Celles de l'art. 46 de la loi des 19 et 22 juillet 1791, §. 1er, qui autorise l'administration municipale à prendre des arrêtés, lorsqu'il s'agira d'ordonner des précautions locales sur les objets confiés à sa vigilance et à son autorité par les dispositions de l'art. 3 de la loi précitée ;

3°. Vu l'arrêté du Gouvernement du 1er germinal an VII (21 mars 1799), qui prescrit des mesures pour prévenir l'incendie des salles de spectacle, et garantir la sûreté publique contre les funestes effets de la négligence et les tentatives du crime ;

4°. Vu les art. 12 et 24 de l'arrêté du Gouvernement, du 12 messidor an VIII (1er juillet 1800), qui nous charge de la police des théâtres, et notamment en ce qui touche les précautions à prendre pour prévenir les accidents, et les mesures propres à prévenir ou arrêter les incendies ;

5°. Vu l'arrêt de la Cour de cassation, du 23 avril 1819, qui a jugé que les arrêtés de l'autorité administrative et municipale ordonnant des précautions locales pour prévenir les incendies rentrent dans l'ordre légal de ses fonctions, et sont obligatoires pour les habitants de son ressort lorsqu'ils sont fondés sur des motifs suffisants d'utilité publique ;

6° Vu les divers arrêtés ministériels, notamment ceux des 21 février et 18 mai dernier, qui autorisent la construction et l'ouverture de nouvelles salles de spectacle dans la ville de Paris et de la banlieue, et nous chargent de prescrire des mesures de sûreté publique et de précautions dans le mode de construction desdites salles, et sous le rapport également de leur étendue et de leur isolement des propriétés voisines ;

7°. Vu enfin l'avis donné par la commission consultative établie par la préfecture de police, en date du 8 courant ;

Considérant qu'il est de bonne administration de prévenir à l'avance les personnes autorisées à construire des salles de spectacle des diverses mesures et modes de construction à suivre dans l'érection desdites salles, et qui leur sont imposés dans un intérêt de sûreté publique, afin qu'elles ne puissent prétexter cause d'ignorance ;

Considérant que les salles de spectacle sont continuellement exposées à l'incendie, que leur isolement est également nécessaire à leur propre conservation et à celle des propriétés voisines ;

Considérant enfin que la préfecture de police doit, dans l'intérêt de la sûreté générale et de sa responsabilité, prendre toutes les précautions pour diminuer, autant que possible, les dangers de l'incendie, et qu'en cela elle n'agit que dans l'ordre légal de ses attributions ;

Ordonnons ce qui suit :

ART. 1er. A l'avenir, tous propriétaires, entrepreneurs et directeurs de théâtres, autorisés à construire de nouvelles salles de spectacle dans la ville de Paris et dans la banlieue, seront tenus de bâtir et distribuer lesdites salles conformément aux différents modes de construction réglés par les articles qui suivent, et qui leur sont imposés dans un intérêt de sûreté publique.

2. Sur tous les côtés des salles de spectacle, qui ne seront pas bordés par la voie publique, il sera laissé un espace libre ou chemin de ronde destiné, soit à l'évacuation de la salle, soit aux approches des secours en cas d'incendie.

Cet isolement ne pourra jamais être moindre de 3 mètres de largeur, pour les salles de spectacle qui ne contiendraient pas au-delà de mille personnes.

Pour les autres salles, la largeur sera déterminée eu égard au nombre de personnes que la salle pourra contenir, à la hauteur de la salle et au genre de spectacle.

Le chemin de ronde sera constamment fermé par des portes à ses issues sur la voie publique.

3. Les murs intérieurs, les murs qui séparent les loges d'acteurs et le théâtre, le mur d'avant-scène, le mur qui sépare la salle, le vestibule et les escaliers, seront en maçonnerie.

4. Les portes de communication entre les loges d'acteurs et le théâtre seront en fer et battantes, de manière à être constamment fermées.

Le mur d'avant-scène, qui s'élèvera au-dessus de la toiture, ne pourra être percé que de l'ouverture de la scène, et de deux baies de communication fermées par des portes en tôle.

L'ouverture de la scène sera fermée par un rideau en fil-de-fer maillé, de 2 centimètres au moins de maille, qui interceptera entièrement toute communication entre les parties combustibles du théâtre et de la salle, et ce rideau ne sera soutenu que par des cordages combustibles.

Et les décorations fixes, dans les parties supérieures de l'ouverture d'avant-scène, seront toujours composées de matières incombustibles.

5. Tous les escaliers, les planchers de la salle et les cloisons des corridors seront en matériaux incombustibles.

6. Les salles de spectacle seront ventilées par des courants d'air pris dans les corridors, et auxquels l'ouverture au-dessus du lustre fera constamment appel.

7. Aucun atelier ne pourra être établi au-dessus du théâtre.

8. Des ateliers ne pourront être établis au-dessus de la salle que pour les peintres et les tailleurs, et sous la condition que les planchers seront carrelés et lambrissés, et, dans le cas où on établirait des ateliers pour les peintres,

la sorbonne sera enfermée dans des cloisons hourdées et enduites en plâtre, plafonnée et carrelée, et fermée par une porte en tôle.

9. Aucune division ne pourra être faite dans les combles, que pour les ateliers ci-dessus désignés.

10. La couverture générale sera supportée par une charpente en fer, et sera percée de grandes ouvertures vitrées.

11. La calotte de la salle sera en fer et plâtre sans boiseries.

12. La salle ne sera chauffée que par des bouches de chaleur, dont le foyer sera dans les caves.

13. Dans l'une des parties les plus élevées du mur d'avant-scène et sous le comble, il sera placé un appareil de secours contre l'incendie, avec colonne en charge, au poids de laquelle il sera ajouté une pression hydraulique assez puissante pour fournir un jet d'eau dans les parties les plus élevées du bâtiment, et la capacité de cet appareil sera déterminée pour chaque théâtre.

14. Les pompes seront établies au rez-de-chaussée, dans un local séparé du théâtre par des murs en maçonnerie.

15. Les pompes seront toujours alimentées par les eaux de la ville recueillies dans des réservoirs, et par un puits, de manière à ce que les deux conduites puissent suffire au jeu des pompes établies.

16. En dehors des salles de spectacle, il sera établi des bornes-fontaines alimentées par les eaux de la ville, et pouvant servir chacune au débit d'une pompe à incendie; le nombre en sera déterminé par l'autorité.

17. Tous les théâtres auront un magasin de décoration hors de leur enceinte, pour lequel les directeurs demanderont une autorisation à la préfecture de police.

Ces magasins seront établis suivant les conditions qu'il sera jugé nécessaire d'imposer, dans l'intérêt de la sûreté des habitations voisines.

18. Les directeurs et constructeurs ne pourront faire aucun magasin de décorations et accessoires sous la salle et le théâtre; le magasin d'accessoires sera toujours séparé du théâtre par un mur en maçonnerie.

19. Il y aura au moins deux escaliers spécialement destinés au service du théâtre, et donnant issue à l'extérieur.

20. Conformément à l'arrêté du Gouvernement du 10 janvier 1803, relatif à l'Opéra, personne autre que le concierge et le garçon de caisse ne pourra occuper de logement dans les salles de théâtre, ni dans aucune partie des bâtiments qui communiquent aux salles.

21. Toute infraction à la disposition de la présente ordonnance donnera lieu, contre les entrepreneurs et directeurs autorisés à construire et ouvrir à l'avenir de nouvelles salles de spectacle dans la ville de Paris et dans la banlieue, à l'application, par l'autorité compétente, des dispositions pénales prononcées par l'art. 5 de la loi des 16 et 24 août 1790, combinées avec les art. 606 et 607 du Code de brumaire an IV (1795), non abrogées par aucune loi postérieure; comme aussi à prononcer contre eux, par l'autorité, la fermeture desdits établissements, et à provoquer devant l'autorité supérieure la révocation des priviléges ayant autorisé l'érection desdites salles de spectacle.

22. La présente ordonnance sera imprimée; elle sera publiée et affichée dans Paris et dans tout le ressort de la préfecture de police.

MM. les sous-préfets de Sceaux et de Saint-Denis, les maires et les commissaires de police des communes rurales, le commissaire chef de la police municipale et les commissaires de police, sont chargés, chacun en ce qui le concerne, d'en assurer l'exécution par toutes les voies de droit.

Le préfet de police,
Signé Debelleyme.

Par le préfet,
Le secrétaire-général,
Signé E. L. de Blossac.

Pour donner une idée complète des soins et de la prévoyance de la police à l'égard des spectacles, nous croyons devoir ajouter ici la consigne générale de la garde municipale :

Les hommes de service aux théâtres doivent s'y rendre une heure avant l'ouverture des bureaux; ils sont entièrement à la disposition de MM. les commissaires de police et officiers de paix de service près de chaque théâtre, qui sont spécialement chargés du maintien de l'ordre.

Les mesures d'ordre à l'extérieur des théâtres sont prescrites par MM. les commissaires de police, ou, à leur défaut, par MM. les officiers de paix. Dès le moment que les queues commencent à se former, des hommes de garde, en nombre suffisant, y sont placés pour y maintenir l'ordre.

Tout garde requis par MM. les commissaires de police ou officiers de paix, soit par les directeurs ou employés supérieurs des théâtres, en prévient sur-le-champ son chef de poste, excepté au cas d'urgence, où il obéit de suite.

MM. les directeurs ou employés supérieurs des théâtres ne doivent pas permettre que les gardes ou les sous-officiers de service s'introduisent pendant les représentations, dans les loges des quatrièmes ou à toute autre place, recommandation expresse étant faite à tout garde de ne pénétrer dans l'intérieur des salles que sur la réquisition de MM. les commissaires de police ou officiers de paix.

Tout individu arrêté par un sous-officier ou garde doit être conduit devant le chef du poste, et remis ensuite à la disposition du commissaire de police, ou, à son défaut, à celle de l'officier de paix de service au théâtre.

Il est instamment recommandé aux hommes de garde d'apporter, dans l'exécution des ordres qui leur sont donnés, du sang-froid, de la fermeté et de la prudence, et de toujours chercher à concilier la rigueur de leur consigne avec la modération qu'elle réclame.

En cas d'incendie, de tumulte ou de rassemblements pouvant compromettre la tranquillité publique, soit au théâtre, soit dans les environs, la garde prend sur-le-champ les armes et se tient prête à obtempérer aux réquisitions qui peuvent lui être faites par MM. les commissaires de police de service ou à agir sous le commandement du chef de la troupe en cas de circonstances extraordinaires.

Les gardes de police aux théâtres étant exclusivement destinées au service du théâtre où elles se trouvent, elles ne peuvent en être distraites, à moins d'urgence et par un ordre émané du préfet de police ou des agents de la force publique; dans ce même cas elles ne doivent jamais être distraites en totalité.

Les gardes de service n'ont aucun contrôle ni aucune surveillance à exercer sur les billets d'entrée aux spectacles ; ils ne doivent pas non plus examiner les droits des personnes qui réclament leur entrée, à quelque titre que ce soit.

Il leur est également défendu de mettre le bonnet de police et de fumer, même sous le vestibule et le péristyle du théâtre pendant tout le temps du service.

Les chefs de poste ni les gardes ne peuvent intervenir dans les querelles qui s'élèvent autour d'eux, que sur la réquisition de MM. les commissaires de police ou officiers de paix.

Toute insulte envers les militaires de service près les théâtres, tout acte de rébellion aux ordres et consignes qu'ils sont chargés de faire exécuter, donnent lieu immédiatement à l'arrestation de l'individu qui s'en est rendu coupable ; l'individu arrêté est conduit au bureau de police du théâtre.

Les chefs de poste doivent envoyer le lendemain matin, de bonne heure, au colonel commandant, le rapport des événements qui ont eu lieu pendant leur service ; ils signalent les abus qu'ils ont reconnus, font connaître les fautes commises par les hommes de garde, et détaillent les objets à fournir ou à réparer dans les corps-de-garde. Ils ont le soin de signaler les gardes qui ont manqué à l'effectif commandé. Ils présentent chaque jour leur rapport à l'administration du théâtre, qui y inscrit ses observations et ses réclamations, si elle en a à faire, et qui, dans le cas contraire, se borne à le signer.

Le chef de poste à chaque théâtre doit réunir la troupe au commencement du dernier acte, faire appeler l'officier de paix, ou, en son absence, le commissaire de police de service, pour recevoir de lui les consignes relatives au bon ordre pendant la sortie du public et le défilé des voitures, et placer les factionnaires conjointement avec cet officier de paix.

Aucun factionnaire en vedette ne peut être relevé qu'après l'entière évacuation de la salle, ni abandonner son poste sous aucun prétexte.

Quand la salle est évacuée et le défilé des voitures entièrement terminé, le chef de poste reconduit en ordre sa troupe au quartier, et fait patrouille en suivant l'itinéraire qui lui a été tracé.

MM. les officiers de ronde surveillent l'exécution de la présente consigne dont les chefs de poste sont responsables.

EXPLICATION
DES PRINCIPAUX TERMES
EMPLOYÉS
DANS L'ARCHITECTONOGRAPHIE DES THÉÂTRES.

A.

Accessoires. Tout ce qui concourt à l'illusion théâtrale et n'appartient pas à la décoration peinte. Les chaises, les tables, les pendules, les lustres, etc., sont des accessoires.

Amphithéâtre. C'est le nom qu'on donne à la partie du fond des salles de spectacle, opposée au théâtre, et renfermant des banquettes placées les unes devant les autres. On arrive à ces banquettes par un espace ou une allée vide, qui les traverse depuis le haut jusqu'en bas. Les banquettes du fond sont plus élevées que celles de devant, afin que les spectateurs assis en avant, n'empêchent point les autres de voir.

Arlequin (manteau d'). On appelle ainsi la draperie de la partie supérieure de l'avant-scène.

Atelier. C'est, en général, *le nom* qu'on donne à un lieu où l'on travaille. Au théâtre il y a l'*atelier* du peintre de décors, l'*atelier* des tailleurs, l'*atelier* du menuisier.

Avant-scène. Partie de la scène comprise entre la rampe et le rideau. Les loges qui correspondent à ce plan scénique sont appelées *loges d'avant-scène.*

L'avant-scène des théâtres modernes n'a de commun, avec le *proscenium* des anciens, que le nom et l'usage.

La scène des anciens était la décoration permanente, ornée de toute la richesse de l'architecture, qui faisait face au théâtre ou *visorium*. Dès-lors le *proscenium*, ou avant-scène, constituait en entier ce que nous appelons aujourd'hui *la scène*. Il avait la forme d'un carré long, et représentait ordinairement un lieu découvert. Ses côtés, ou ses flancs, étaient cachés par ces prismes versatiles, sur lesquels étaient peintes les décorations qui mettaient les côtés en rapport avec la décoration du fond, et faisaient l'effet de nos coulisses. Ainsi, comme on le voit, l'*avant-scène* des anciens ne comporte, quant à la forme, aucune comparaison avec la nôtre. Dans nos usages, nous entendons par scène ou par théâtre (car nous avons confondu tous ces mots) le lieu où se passe l'action, l'espace compris entre la première ferme ou coulisse du côté de l'orchestre, et la toile du fond. C'est là que, pour la plus grande ressemblance, l'acteur devrait se tenir pour ne pas sortir du tableau dont il fait partie. Mais la profondeur de nos théâtres, les dispositions de nos salles, mille autres raisons, et surtout le besoin d'entendre, ont nécessité l'avance qu'on appelle *avant-scène*, et qui n'est qu'une prolongation licencieuse de la scène. Ainsi *avant-scène* n'est, dans nos théâtres, ni le lieu de la scène, ni le tableau lui-même, comme chez les anciens, mais seulement un grand cadre propre à recevoir alternativement les tableaux variés que la scène peut offrir.

Il faut que ce cadre soit noble dans sa forme et simple dans ses ornements; car s'il était chargé d'or et de marbres de toutes couleurs, les décorations qui forment le fond du tableau, les acteurs qui en composent les personnages seraient écrasés par ces ornements et détruits par leur richesse.

Cependant, il est peu de parties dans nos théâtres modernes qui présentent plus de défauts, de ridicules et de contradictions que celle de l'avant-scène.

Les *défauts* sont sans nombre. Comme cette partie ne se trouve motivée par aucun besoin essentiel de construction, et n'appartient ni au théâtre ni à la salle, elle devient presque toujours un hors-d'œuvre dont l'ajustement n'a de rapport ni avec l'un, ni avec l'autre. Chaque théâtre offre, en ce genre, les discordances et les disparates les plus révoltantes. Ici, c'est un grand cintre qui ne s'accorde avec aucune des parties de l'ordonnance de la salle, et dont il faut fermer par des draperies la partie supérieure, de peur que son trop grand exhaussement ne découvre le jeu des machines et les ressorts du plancher de la scène. Là, c'est une grande plate-bande dont on cherche à rompre la longueur par les enroulements les plus absurdes. Ailleurs, on voit le plafond de l'*avant-scène* s'unir de la façon la plus bizarre à l'entablement circulaire de la salle, et ne présenter, l'un et l'autre, qu'un vide effrayant et des porte-à-faux les plus vicieux. Tantôt la largeur de l'*avant-scène* se trouve rétrécie de manière que le théâtre n'en est séparé que par un simple mur, de sorte que l'acteur se trouvant vis-à-vis des premières coulisses, sa voix se perd en partie dans les premiers châssis des décorations. Tantôt on avance les bords jusque dans la salle; ce qui paraît trop isoler l'acteur et nuit à l'illusion.

Les *ridicules des décorations* consistent en ce qu'on s'est permis des bizarreries de toute espèce et les absurdités les plus choquantes; consoles et enroulements, termes, gaines, caryatides, ordres sans proportion, monstres de tout genre qui semblent supporter l'entablement, et ne sont, eux, supportés par rien.

Quant aux *contradictions* qui se sont introduites dans l'usage de l'avant-scène, on en observe deux principales : l'une a rapport à la vue, l'autre à l'oreille.

Dès que l'on considère l'*avant-scène* comme une espèce de bordure qui enferme le tableau que l'acteur met en mouvement, on peut donner, sans doute, à ce cadre une certaine profondeur dans laquelle se présenteront les principaux personnages, sans avoir l'air cependant de les mettre hors du lieu de la scène. Mais alors n'est-il pas contradictoire à l'effet même que doit produire ce cadre, d'y admettre aux deux côtés des loges dans toute la hauteur, de manière que l'acteur se trouve comme introduit dans la salle, et que l'illusion même de cet encadrement disparaisse pour le spectateur?

L'oreille ne peut qu'y perdre aussi; ceux qui ont recherché les effets de l'acoustique dans tous les détails de nos salles de spectacles, ont cru que l'*avant-scène* devait être construite en bois, et revêtue en matières sonores propres à la réflexion du son vers le fond de la salle. Est-ce donc remplir ce but que d'y pratiquer, du haut en bas, des vides qui absorbent la voix? Dès son débouchement, dit M. Patte, ne se trouve-t-elle pas évidemment engloutie dans ces espèces de gouffres auxquels on affecte même de ne donner aucune communication avec la salle, en les fermant exactement par les côtés?

A considérer, d'ailleurs, la position de ces loges, par rapport aux spectacles, il est constant que ceux qui les occupent sont mal placés à tous les égards. Ils voient les murs du fond des coulisses; ils sont trop près pour juger du jeu de l'acteur, ils jouissent encore bien moins du dessin des ballets; et l'illusion des décorations est entièrement perdue pour eux.

C.

Changement de décorations. C'est l'opération par laquelle on change le lieu de la scène, en substituant une nouvelle toile et de nouvelles coulisses à celles qui disparaissent.

Char, voir *Gloire.*

Charger. Les machinistes emploient ce mot pour indiquer le mouvement de descension. Dans un changement de décorations, toutes les parties qui descendent des *frises* sont *chargées;* toutes celles qui montent des *dessous* sont *guindées* (II, 66).

Chariot. Petite machine montée sur des roulettes, dans laquelle s'adapte le *faux-châssis* portant les châssis de décoration, et qui facilite les changements de décoration (II, 39).

Châssis de décoration. On appelle ainsi les grands châssis de bois couverts de toile peinte où sont représentés, soit des arbres, soit des lambris d'un appartement, soit des parties d'un bâtiment, selon le lieu de la scène (II, 45).

Chevilles de retraite. Des barres de bois inclinées, disposées au-dessus des rouleaux de retraite, et autour desquelles on arrête les cordages de retraite par deux tours en croix et un nœud coulant (II, 62).

Ciels (bandes d'air). On nomme ainsi des toiles sur lesquelles sont peints le ciel et les nuages dans les décorations qui représentent une forêt, une place publique, la mer, ou, en général, tout lieu ouvert (II. 47).

Cintre (ou *ceintre*). Arcade ou voûte qui forme la partie supérieure de l'ouverture de la scène ; et, par extension, tout l'espace du théâtre qui est compris depuis le haut de cette ouverture jusqu'aux combles de l'édifice.

Le dernier rang des loges pratiquées sous le plafond de la salle, s'appelle aussi le *cintre* (II, 32).

Contre-poids. Ressort moteur de presque tous les mouvements qui s'opèrent sur le théâtre. C'est une tige de fer chargée d'une certaine quantité de tranches cylindriques en fer ou en plomb qui, en se haussant ou baissant, fait hausser ou baisser, avancer ou reculer un corps quelconque avec lequel il se trouve en communication au moyen de cordes qu'on appelle des *fils* (II, 64).

Contrôle. Bureau établi dans les vestibules des théâtres où les spectateurs échangent les billets pris aux bureaux de distribution contre des contre-marques.

Cordes-mortes (ou faux cordages), sont des cordages qui ne sont jamais détachés de l'objet où ils sont fixés (II, 47).

Coulisse. C'est le nom de l'espace qui sépare les fermes de décoration. Cet espace est formé par deux châssis couverts de toile peinte. C'est par les *coulisses* que les acteurs, le plus souvent, entrent sur le théâtre et en sortent.

Cour. C'est le côté gauche du théâtre, au côté droit du spectateur, comme *jardin*, côté droit du théâtre et côté gauche du spectateur. Avant la révolution, les machinistes et garçons poseurs de décorations distinguaient les deux côtés du théâtre par les noms *côté du Roi* et *côté de la Reine.*

Chacun de ces côtés empruntait son nom de la loge qui lui était adhérente; celle du Roi était à droite et celle de la Reine à gauche. La Révolution changea ces désignations;

tous les machinistes adoptèrent alors la formule dont se servait alors le machiniste du théâtre des Tuileries. Il avait remplacé, par les mots *cour* et *jardin*, ceux de *roi* et *reine*; la loge du roi, c'est-à-dire la droite, se trouvant aux Tuileries du côté du *jardin*, et celle de la reine du côté de la *cour* du Carrousel. Cet usage a prévalu; la Restauration ne l'a point aboli.

D.

Décors, ensemble d'une décoration.

Dessous du théâtre. Espace sous le plancher du théâtre, et comprenant deux, quelquefois trois étages dans la hauteur (II, 25).

Dessus du théâtre. Espace supérieur du théâtre où sont les ponts et le gril. (Voyez *Cintre*).

Devanture de loge. Enceinte circulaire établie au-devant des galeries à hauteur d'appui, et couverte de peintures.

Draperies. Des étoffes suspendues, retroussées et attachées. Les *draperies* peintes sont d'un emploi aussi utile qu'agréable dans les décorations de théâtres. On s'en sert ingénieusement pour rétrécir la trop grande ouverture des avant-scènes, pour faire des pentes dans les plafonds, pour réunir les intervalles des coulisses, et raccorder ensemble beaucoup de parties qui sans cela resteraient toujours incohérentes.

E.

Équipe. Le machiniste appelle ainsi l'ajustement que subit une décoration ou chaque partie de décoration avant d'être en état de figurer sur les *portants*.

F.

Faux-châssis. On appelle faux-châssis les échelles qui s'adaptent dans les chariots et portent les châssis de décoration (II, 43).

Ferme. Assemblage de plusieurs poteaux servant à porter les planchers des divers dessous d'un théâtre.

On appelle encore du nom de *ferme* tout ce qui, n'étant pas *coulisse* (c'est-à-dire placé de chaque côté du théâtre, et dans le sens de la largeur de la scène), est établi sur *châssis* (voir ce mot). Les fonds d'appartements et de palais qui ne descendent point du cintre sont des *fermes*; ce sont aussi des *fermes* que les maisons qui sortent de l'alignement des coulisses, et prennent sur le théâtre une position oblique ou perpendiculaire.

Feuilles de décoration. (Voir *châssis*.)

Foyer. On donne ce nom dans les salles de spectacle à une pièce voisine de la salle, dans laquelle, en toute saison, le public se réunit, soit avant, soit après la pièce, soit dans les entre-actes. Les dépendances du théâtre renferment le *foyer* des acteurs et le *foyer* des musiciens.

Frises. Bandes de toile peinte qui descendent du cintre et se rejoignent aux châssis de décoration par les extrémités supérieures de ceux-ci. Dans les décorations qui représentent un appartement, on a renoncé aux frises qui figuraient le plafond; on les supplée par un plafond d'un seul plan qui s'adapte obliquement au-dessus des coulisses et de la ferme du fond (II, 47).

G.

Gloire. On appelle *gloire* une décoration composée d'un ou plusieurs planchers, portant des personnages qui doivent descendre des cieux ou y remonter. Elle est ainsi nommée, parce que, dans certaines représentations, les dieux de la Fable y paraissent au milieu de nuages lumineux, comme sont ceux que produisent les rayons d'un soleil couchant. Quelquefois on appelle cette espèce de machine *Char*, parce qu'elle a la figure d'un char traîné par des chevaux ou par des dragons, comme dans les tragédies de *Médée* ou d'*Armide* (II, 75).

Gradins. Siéges courants et contenus, élevés les uns au-dessus des autres où s'assoient les spectateurs.

Gril. Plancher établi dans le cintre du théâtre et qui tire son nom de ce qu'il est à *claire-voie*, et que les planches dont il est composé sont placées à égale distance l'une de l'autre (II, 33).

Guinder. C'est enlever un fardeau par le moyen de quelque machine. (Voir *Charger*.)

L.

Loges. Ce sont de petits cabinets ouverts par devant, séparés par de minces cloisons et qui règnent autour de la salle de spectacle. Il y a ordinairement plusieurs rangs de *loges* les unes au-dessus des autres, et le nombre de ces rangs dépend de la hauteur de la salle. Quelquefois les *loges* d'une salle de spectacle ne sont qu'un balcon continu, divisé par de petites cloisons qui ne s'élèvent pas au-dessus de la hauteur du coude d'une personne assise.

La disposition des loges, telles que les exige l'usage, a toujours été un des plus grands embarras qu'aient rencontrés les architectes dans l'ordonnance des théâtres. Deux systèmes ont été suivis à cet égard, et l'un et l'autre donnent lieu à de nombreuses objections. Là, où les usages (comme en Italie) veulent que chacun puisse être au spectacle comme dans une pièce close, et se rendre invisible s'il lui plaît, on a fait des *loges* autant de cabinets particuliers; et chaque rangée de loges offrant, dans toute sa circonférence une suite de cabinets séparés par des cloisons, ces cloisons forment dans toute leur hauteur des espèces de supports pour chaque étage, en sorte que ces étages offrent à la vue le vice d'un porte-à-faux continu. Ailleurs (comme en France), où les spectateurs qui occupent les loges n'y sont le plus souvent séparés que par de petites cloisons qui n'excèdent pas la hauteur des devantures, chaque rang présente une saillie qu'ordinairement rien ne supporte. Le besoin de laisser la vue du théâtre libre de tous les points de la circonférence des *loges*, n'est pas la seule raison qui a autorisé l'usage de ces porte-à-faux continus; il faut effectivement avouer que le peu de hauteur qui existe entre chaque rangée de *loges* a dû détourner les architectes d'employer les ordres de colonnes à de pareils supports.

Beaucoup de dispositions différentes ont été tentées pour faire accorder les usages de nos spectacles avec les convenances de l'architecture, et il ne paraît pas que cet accord soit trouvé. Peut-être, dans la nécessité d'avoir des rangs de *loges*, non interrompus par des séparations, et cependant sans porte-à-faux, la meilleure disposition serait-elle celle qui a été employée au théâtre de l'Odéon, et qui consiste à donner pour support à chaque rang, comme à un balcon, des espèces de consoles peu saillantes, qui n'incommodent point ceux qui sont dans l'intérieur de la *loge*, et qui offre de quoi rassurer suffisamment les yeux contre le mauvais effet du porte-à-faux.

M.

Machine de théâtre. On appelle de ce nom cette multitude de rouages, de poulies, de cordes, de cabestans, qui servent à faire mouvoir les décorations.

Machiniste. On donne ce nom, dans les théâtres, à celui qui dirige les machines, qui les dispose, et commande les ouvriers pour les faire agir.

N.

Nuit. Un demi-tour de clé donné au conduit de gaz, un quart de conversion imprimé aux lumières des coulisses, un voile de mousseline bleue devant la rampe, des verres de couleurs aux quinquets; tels sont les moyens employés pour produire sur le théâtre les effets de *nuit*.

O.

Orchestre. Espace qui vient après la rampe de la scène, et où se tiennent ceux qui jouent des instruments. Par extension on a encore donné ce nom à une enceinte qui environne celle de l'*orchestre* proprement dit, et qui renferme des bancs ou des siéges pour un certain nombre de spectateurs.

On doit porter, en général, une attention particulière à la fabrication de l'orchestre, c'est-à-dire de l'enceinte où se tiennent les exécutants : on doit lui donner des proportions convenables pour que les symphonistes y soient le plus rassemblés et le mieux distribués qu'il est possible. Il est important qu'il ne soit situé ni trop haut, de peur d'intercepter au spectateur la vue de la scène, ni trop bas, dans la crainte que l'effet des corps sonores s'en trouve diminué.

Le système de la construction d'un *orchestre* veut qu'on regarde l'enceinte destinée à renfermer les symphonistes et leurs instruments, comme une sorte de grand instrument lui-même, auquel on doit procurer toutes les propriétés qui tendent à faire vibrer les sons. C'est pourquoi cette enceinte doit être d'un bois léger, comme celui du sapin, et on l'établit sur un vide avec des arcs-boutants; en sorte que le corps même de l'*orchestre*, portant pour ainsi dire en l'air et ne touchant à rien, acquiert, par le seul fait de l'isolement, une plus grande résonnance.

P.

Paradis. Partie d'une salle de spectacle où sont les dernières places.

Parterre. C'est l'espace compris entre l'orchestre et les loges ou l'amphithéâtre, lorsqu'il y en a au fond de la salle.

Il serait convenable de ranger ce qu'on appelle en *amphithéâtre* (c'est-à-dire par des degrés de siéges en hauteur les uns sur les autres) cette portion des spectateurs que l'usage place à l'unisson les uns derrière les autres, de manière à se cacher réciproquement la vue de la scène. Déjà, il est vrai, l'exemple est donné à quelques théâtres; mais comme, selon certains calculs d'intérêt, cette disposition retrancherait quelques loges dans la région inférieure de la salle, il est douteux que cette convenance devienne une règle générale.

Plafonds. On nomme plafonds les toiles qui représentent le plafond d'un temple, d'un appartement, etc. (II, 47).

Pouce. On nomme ainsi le petit espace, large d'un

pouce, pratiqué au gril dans toute la profondeur du théâtre et répondant à son axe.

Proscenium. Ce mot latin se trouve très-fidèlement traduit en français par le mot *avant-scène* (voir ce mot). Toutefois comme le mot *scène*, dans les usages modernes, n'exprime pas ce qu'il exprimait selon la pratique du théâtre des anciens, la traduction qu'on en a fait est plutôt celle du mot que celle de l'idée ou de la chose signifiée par le mot ancien.

Selon les pratiques du théâtre moderne, on appelle *scène* tout l'espace compris entre ce que l'on nomme la *rampe* et la toile du fond d'une part, et d'autre part entre les coulisses de droite et celles de gauche; et on nomme *avant-scène* la partie de cet espace qui est la plus voisine de la rampe, et où se tiennent le plus souvent les acteurs, comme étant celle qui les rapproche le plus des auditeurs. La *scène* (*scena*) répondait, quant à son apparence, à ce que nous appelons dans nos usages la *toile du fond*; mais c'était une construction solide, d'une très-riche architecture, décorée de niches, de statues, et formée de plusieurs ordres de colonnes.

Le *proscenium* ou l'avant-scène était l'espace compris entre cette grande devanture et ce qu'on appelait l'*orchestre*. Cet espace, où se tenaient les acteurs et où se passait le drame, s'étendait dans toute la largeur du théâtre et avait fort peu d'enfoncement, au contraire de l'usage du théâtre moderne, où le lieu de la scène est tout en profondeur.

Q.

Queue. La foule qui attend aux bureaux de distribution des billets se nomme *la queue*. Par un effet naturel de l'ordre, on se place deux par deux dans une sorte de couloir à claire-voie, dont les sinuosités sont préparées à cet effet par l'administration des théâtres.

R.

Rampe. Rangée de quinquets au bord de l'avant-scène, servant à éclairer le théâtre (**II,** 23).

Retraite. On appelle *retraite* un cordage passé sur le tambour de ce nom. Il y a deux sortes de *retraites,* les unes sont au tambour des retraites, les autres, dans tous leurs mouvements, sont fixées au contre-poids par un de leurs bouts. Aussi les appelle-t-on *retraites au contre-poids;* les premières sont nommées *retraites au tambour.* On devrait les désigner mieux sous le nom de *modérateur.* En effet, les unes *modèrent* le fardeau à *lâcher,* les autres le contre-poids qui *enlève.* La *retraite au tambour,* faisant office de modérateur, doit toujours être placée à rebours du fardeau à *lâcher* ou à *enlever.*

Rideau. Toile dont on se sert pour fermer l'ouverture d'avant-scène. Cette toile, n'ayant d'autre office que de cacher à l'œil du spectateur mille détails préliminaires de la représentation qui nuirait à l'illusion qu'il vient chercher, il conviendrait qu'elle ne représentât autre chose qu'un rideau. Un tableau-rideau, comme celui de l'Opéra et de l'Odéon avant sa dernière restauration, nous paraît déplacé.

Rouleau de retraite. C'est une pièce de bois cylindrique en chêne ou de tout autre bois dur, de 20 à 22 centimètres de diamètre. Sa longueur n'est déterminée que par la place où on le fixe. Dans toute la longueur du corridor inférieur du cintre, il y en a une file attachée aux grands montants. C'est autour de ces *rouleaux* que se passent les retraites des tambours et des contre-poids. Ils se placent de manière que leur dessus est à 33 centimètres au-dessus du plancher. A cette hauteur un ouvrier a le pied fermement appuyé sur le rouleau, et il peut ainsi maîtriser un fardeau assez considérable. Les retraites passent un tour ou un tour et demi au plus, sur ces *rouleaux*. C'est en lâchant les retraites plus ou moins vite que l'on donne plus d'activité ou de lenteur à l'objet agissant (II, 61).

Rue. On appelle ainsi la distance d'un châssis à l'autre.

S.

Scène du latin *scena*. C'est le même mot ; mais ce mot, en français, tout en exprimant sous un certain rapport, une idée à peu de chose près semblable, ne laisse pas de nous présenter, selon les pratiques fort diverses de la construction des théâtres et de la représentation scénique, deux objets distincts entre eux.

Dans l'usage de la langue, en français, et selon les errements du théâtre moderne, on appelle *scène*, quant à l'idée matérielle de ce mot, le lieu du théâtre compris entre la toile du fond, les coulisses de l'un et de l'autre côté, et ce qu'on appelle la *rampe*, qui le sépare du reste de la salle. C'est là que se représente l'action, que se tiennent les acteurs, et que se passe le spectacle.

La *scène*, telle qu'on la doit entendre et telle qu'on la pratiquait dans les théâtres grecs et romains, était, au contraire, un ouvrage d'architecture des plus remarquables. C'était une construction importante et susceptible de la plus riche décoration. Au lieu d'être le lieu, le terrain même sur lequel l'action est censée se passer et où les acteurs se tiennent, c'était une façade de bâtiment servant de fond au lieu appelé *proscenium*, avant-scène (voir ces mots), lieu beaucoup plus large, mais beaucoup moins profond, relativement parlant, que le lieu de la scène moderne (II, 3).

Le fond de l'espace où l'action se représente, au lieu d'être un corps de bâtisse, d'architecture, ou de décoration permanente et solide, consiste aujourd'hui en une grande toile, ou un châssis sur lequel on peint tantôt le fond du local fermé de la pièce intérieure que demande le sujet du drame, tantôt, et selon les divers besoins du spectacle, la vue en perspective soit des parties éloignées ou renfoncées de ce lieu, soit des fonds de villes, de places publiques, de campagnes, de forêts, de paysages. La partie antérieure de ces différents lieux est figurée par le moyen de châssis en coulisses, sur lesquels on peint soit les membres de construction ou d'architecture qui composent l'intérieur du lieu représenté, soit les arbres, plantes et autres objets, de manière à ce qu'ils se raccordent avec ce qui est peint sur la toile du fond.

Les changements de *scène* se font en substituant une autre toile à celle du fond, et d'autres coulisses de droite et de gauche à celles qui figuraient les parties latérales de l'intérieur, ou de l'espace quelconque renfermé par la *scène*.

T.

Tambour ou *cylindre*. Machine composée de deux roues d'égal diamètre, ayant un même arbre qui leur sert d'axe, placées à une certaine distance l'une de l'autre, et couvertes de lattes ou planches clouées à leur circonféférence (II, 49).

Tambour des fils ou *d'appel*, est le cylindre qui reçoit les fils ou cordages des objets à mouvoir.

Tambour des retraites, est le cylindre qui fait mouvoir

Le tambour des fils est chargé de la *resistance*, celui des retraites de la *puissance* (II, 49).

Théâtre. En latin *theatrum*, du grec θέατρον, formé du verbe θέαομαι, qui veut dire *regarder, contempler.* Théâtre défini d'après son étymologie, signifie donc un lieu pour voir et regarder. Tel fut, en effet, le but ou l'objet principal des premiers locaux où les hommes se réunirent pour jouir du plaisir naturel, et, si l'on peut dire, instinctif de se voir et de se considérer dans les imitations de l'art. Partis de cet élément primitif et en suivant plus tard les progrès de la civilisation, l'art dramatique et l'architecture devaient préparer et perfectionner, pour le spectacle scénique et pour ses spectateurs, l'édifice qu'on appelle *théâtre.*

Dans nos usages modernes, nous appelons souvent *théâtre* la scène où se représente l'action. (Voyez *Scène* et *Avant-scène.*)

Toile. Rideau qu'on baisse dans les entr'actes entre les acteurs et le public pour lui dérober les procédés qui concourent à l'imitation théâtrale. (Voir *Rideau.*)

Trappes. Tables mobiles dont se compose le plancher d'un théâtre.

Treuil. Machine composée d'un cylindre qui tourne sur un axe que deux points fixes supportent, et autour duquel s'enroule une corde au moyen de laquelle on fait remonter le contre-poids après sa descente (II, 63).

V.

Vela, velarium. Décoration de plafond qui imite les toiles dont les anciens couvraient leurs théâtres. (Voir II, 10.)

FIN DU VOCABULAIRE.

www.ingramcontent.com/pod-product-compliance
Lightning Source LLC
Chambersburg PA
CBHW070905170426
43202CB00012B/2198